裁判員制度廃止論

国民への強制性を問う

織田信夫
Oda Nobuo

花伝社

裁判員制度廃止論——国民への強制性を問う◆目　次

はしがき　5

第一章　裁判員制度――問題の原点

1　「国民の司法参加」問題の原点に立ち返って――裁判員制度批判　8
2　裁判員制度批判決議に関連して――裁判員参加義務の非民主性　29
3　裁判員制度にかかる最高裁判所の広報活動について　34
4　裁判員制度に見る民主主義の危うさ　39
5　裁判員裁判開始後の発言等の意味するもの　45
6　裁判員制度見直しと日弁連の立場　57

第二章　裁判員制度を裁く――国民に対する強制性

1　裁判員制度の危険性――その底に流れるもの　66
2　「裁判員制度を裁く」――裁判員強制の問題を中心に　98

第三章　裁判員制度と最高裁
1　最高裁の裁判員制度合憲判決を批判する　130
2　裁判員裁判控訴審の事実審査について　151
3　被告人の裁判員裁判選択権否定の憲法問題について　174
4　裁判員辞退の自由を認めた最高裁　198
終章　「三・一一後の不安の中で」——自己紹介を兼ねて　211
おわりに　221
初出一覧　224

はしがき

二〇〇五年年頭の仙台弁護士会会報に、年男の一言ということで、「裁判員制度について」と題する思いつきの一文を寄せてから、この制度には重大な問題があると感じ、これを私なりに深めてみなければならないとの思いにかられ、その後非力を顧みず、幾つかの論考を書いて「週刊法律新聞」に寄稿したり、その内容を集会でお話したりするようになった。

裁判員法施行後四年余が経過した。順調に運営されているという裁判員制度推進者側の発言もあるが、当初から予想された、困難な事件の処理に関する問題や、裁判員の心理的負担の大きさが現実のものになるなど、見逃し得ない数多くの問題が起きているのも現実である。

元法律新聞社編集部長河野真樹さんが新たに立ち上げたウェブサイト「司法ウオッチ」の貴重なスペースに河野さんのご好意で論考を発表する機会が与えられたことから、そこにこれまで拙稿を幾本か寄せさせていただいた。内容は誠にお粗末なものばかりだが、複数の方から、その「司法ウオッチ」掲載分も含めこれまで書き溜めたものを一冊にまとめてみてはどうかとのお声掛けをいただき、いささか時期遅れのきらいもあるが、恥を忍んで自分史代りに出版を決意した。

内容にはかなり重複しているところもあるけれども、私としては、裁判員制度をこのまま継続して施行していくことには非常な危機感を抱いているので、本書によって、順調な運用と言っている制度推進側の人々に対して冷や水を浴びせる程度の効果があることを期待し、まとめてみた。その期待がいささかでも現実化することを願っている。ご一読いただければ幸いである。

第一章　裁判員制度

——問題の原点

1 「国民の司法参加」問題の原点に立ち返って——裁判員制度批判

はじめに

裁判員の参加する刑事裁判に関する法律、いわゆる裁判員法が二〇〇四年五月二八日に公布され、二〇〇九年五月二一日から施行されている。その制度は、死刑または無期の刑に当たるような重大刑事裁判の審理判断に一般市民が参加するというものである。

陪審法が停止されてから、欧米先進国等で採用されている陪審制または参審制のような裁判への一般市民の直接参加制度のなかった我が国に、やっと国民の司法参加の制度ができたと言って、マスコミも含め当初は歓迎する論調が目立ち、最高裁、法務省、日弁連も大々的な広報活動を展開した。

このような裁判員制度についての風潮に対し、早くから、それは「違憲のデパート」だという厳しい指摘がなされ（西野喜一「日本国憲法と裁判員制度」『判例時報』一八七四号、一八七五号、『裁判員制度の正体』講談社現代新書）、同様に制度反対の論稿もあった（大久保太郎「裁判員制度実施の不可能性」『判例時報』一八八三号、一八八四号、高山俊吉『裁判員制度はいらない』講談社、等）。

これまでの世論調査において、毎年対象者の七割から八割の人が裁判員となることについて拒否的意向を持っていることが明らかとなった。立法前の司法制度改革推進本部が募集した市民の意見も同様であり、その中にはかなり辛辣なものもあった。立法者に言わせれば、このことは恐らく想定内のことと評するであろう。何せ、裁判に一般市民が参加するなどということは、国民には全く想定外のことだったからである。

司法は近代国家統治機構である三権分立においてその権力の一翼を担うものであり、法による支配を実現するための高度な権力作用である。敗戦後、我が国の司法は憲法七六条以下に定められた司法に関する規定に基づいて組織された最高裁判所及び下級裁判所により運営されてきた。その制度を支える裁判官は、最高裁判所裁判官については七九条に、下級裁判所の裁判官については八〇条に、それぞれ任命権者、任期、定年等を定める。また、七八条には裁判官の強い身分保障を定め、七六条三項はそれらの裁判官の独立を定める。

司法は、前述のとおり法による支配の実現を目指す高度な権力作用であり、その制度の変革については、従来の制度の抱える問題点を検証し、且つその制度が憲法の基本的規定に基づいて約六〇年に亘り運営されてきたものであることからすれば、その変革がそれらの規定、その他関連する憲法の諸条項（特に国民の基本的人権に関する条項）に抵触するか否かを慎重に検討することが求められる。

さらに憲法問題が仮にクリアーされたとしても、改革によって司法制度としての完成度が増すのかどうかの検討が必要である。即ち、司法制度の変革が真実の発見、公平且つ適正な憲法等法令の解釈適用、基本的人権の擁護機能の向上、これらの理念を全うすることによって得られる信頼性の向上に真に貢献するのかどうかの検討が欠かせない。裁判員法一条は、裁判員が刑事裁判に関与すれば司法への信頼が向上するかのような仮説を展開するが、極めていかがわしい。

我が国でもかつて陪審裁判が行われた時代があり、その陪審法は停止されたままである。裁判所法三条三項は「刑事について、別に法律で陪審の制度を設けることを妨げない」と定め、陪審制度を容認しているかのようである。しかし、憲法の司法に関する条項と整合しうる陪審制度なるものが、裁判所法制定当時どのように考えられていたかは不明である。

私は、陪審制、参審制と言われる制度のどのような形をとろうとも、前述の憲法の定めに適合する裁判官以外の者が、その裁判官の判断を拘束する形式のものは憲法に違反するものと考える。

しかし、ここでは、そのような陪審制、参審制そのものの憲法論ではなく、それが国民の司法参加の一形態であって、司法の民主化に資するとの評価によって賛意を示され（『ジュリスト』№一二六八の座談会意見等）、立法府の審議においても殆どフリーパスであったことについて、国民の司法参加と通常称されるものの実態は何であり、それは果たしてそのように批判の余地のないほど望ましいことなのかどうかを中心に、施行後三年を間近にして改めて検討して見たい。

国民の司法参加ということの意味

「司法」への国民参加としてことさらに取り上げられるのはいかなる理由によるのであろうか。立法への国民参加、行政への国民参加という言葉も聞かれないわけではないけれども、それほど多くはない。立法、行政について使われるそれらの言葉の意味するものは、国民が選んだ議員を含む公務員が国民の意思に沿った立法や行政を行うためのいわば補佐的な形の関与を意味している。例えば、法律案策定に至るまでの審議会の検討、国家における法律案審議における参考人の意見陳述、予算審議における公聴会の開催、行政について言えば諸種の審議会や懇談会における意見の聴取というような形である。

立法への国民参加と言ったところで、法律の制定は国会以外には許されない。行政への国民参加も同様、最終の意思決定は内閣以外にはできない。要するに、国民によって選ばれたという基盤に立って、国民の意向を立法、行政にできる限り吸い上げる努力は求められても、最終の意思決定に国民が個人として参加することはできない。

ところで、司法はその国家作用として立法行政とは異質なものである。司法を担当する全ての裁判官は、「その良心に従ひ独立してその職権を行ひ、この憲法及び法律にのみ拘束される」と憲法七六条が定めるように、高度な独立性の保持が義務付けられ、保障されている。

国会はその立法行為について民意に沿うように最大限努力するのがその本来の責務であり、行政はその立法者の意思を最大限尊重して法を執行する責務がある。しかし、司法はその担当する事件について民意を問い、慮ることは許されない。常に憲法及び法律の定めに従い、権力からも国民からも、ときには諸外国からも非難されるかも知れない判断を、自己の良心に従って、理性的に公正且つ迅速になさねばならない。司法においては、憲法と法律のみが民意なのである（憲法七六条三項）。それは、本来は人間業ではなし得ない崇高な行為である。それ故、立法や行政について行われているような国民の参加の形態をとることは非常に難しい分野であり、まして、立法や行政でさえ取り入れてはいない最終的な判断、意思決定を個人たる国民を参加させて行ったり、一部国民に委ねたりすることは本来制度として極めて馴染み難い分野である。「この意味で逆説的になるが、司法までが民主化しないところに合理的な民主主義の運用があろう。ここに民主司法の当面しなければならないジレンマがあるのである」（兼子一『裁判法〔第一版〕』有斐閣、二〇頁）との指摘は正に慧眼と言うべきである。

問題の根本は、かかる重大な職務を担う優れた裁判官を如何にして民主的に公平且つ適切に選ぶか、そして如何にしたら選ばれた裁判官がその職務を常に全うし得るように制度面の保障を図るかということである。

一般市民からくじで選ばれた者が一〇年間裁判官としてその司法の本来の使命を全うし得る

保証があるのなら、そのような制度もまた選択肢の一つであろう。それは司法への国民参加ということではなく、あくまでも裁判官に人を得るにはどうしたら良いかという裁判官人選の問題である。

憲法の司法に関する規定を全体的に見れば、選ばれる裁判官は職業的（常勤、非常勤を問わず）なものであり、高度に訓練されたものを想定していることは間違いがない。現在の我が国の裁判所は、裁判専任のいわゆる職業裁判官によって構成されている。考えてみれば、この選ばれた裁判官も一般国民から選ばれた者である。現在の裁判官は直接選挙によって選ばれた者ではないけれども、憲法の規定に則り国民の意を受けて正に国民の中から選ばれた者であり、裁判所は国民の参加どころか国民によって構成されているのである。国民の直接選挙による選任のみが国民による選任だという説はあるまい。仮に直接選挙による選任という形から遠い裁判官選任形式であるが故に国民から選ばれたと言えないなどという議論があるとしたら、金まみれ、低投票率の現今の選挙によって選ばれた国会議員は国民によって選ばれたと言えるのかということになる。制度である以上、ある程度は擬制的なものであることは避けられない。

そのことは誰の目にも明らかなことなのに、いかにも裁判所が国民とは異なったものによって構成されていて、そこに国民が加わるという意味に解される国民の司法参加というような言葉が多用され、今回の裁判員制度がその国民の司法参加の第一歩だなどと言われるのは本来妙なことなのである。

議論さるべきは素人裁判官の参加

いわゆる我が国で国民の司法参加と言われているものは、職業裁判官による裁判に、日頃裁判には無縁な市民の人々を参加させること、要するに「裁判への素人参加」を意味している。

国民の司法参加は民主主義国では当然であるとか、裁判員制度は国民の司法参加の実現として司法の民主化の第一歩だとか評されているが、それは国民の司法参加という耳当たりの良い言葉に惑わされたとしか解し得ないものである。問題はあくまでも、素人を裁判に関与させることの是非であり、仮に是として、どのような形が望ましいかということでなければならない。そしてその判断の基準は、前述のとおり真実の発見、公平且つ適正な憲法等法令の解釈適用、基本的人権の擁護機能の向上、これらの理念を全うすることによって得られる信頼性の向上に貢献するものか否かということである。

統治客体意識から統治主体意識への転換

司法制度改革審議会は、「国民の一人ひとりが統治客体意識から脱却し、自立的でかつ社会的責任を負った統治主体として互いに協力しながら自由で公正な社会の構築に参画」することを求め、「このような諸改革は、国民の統治客体意識から統治主体意識への転換を基底的前提とするとともに、そうした転換を促そうとするものである。統治者（お上）としての政府観から脱して、国民自らが統治に重い責任を負い、そうした国民に応える政府への転換である」と指摘し、「国民が自律性と責任感を持ちつつ、広くその運用全般について、多様な形で参加することが期待される」と述べ、その参加の一形態として、一種の参審制である裁判員制度が発案された。

ここでは、裁判への素人参加が前述のような司法の本来の目的に貢献するか否かという視点は欠落している。難解な言葉を羅列してはいるが、要するに、国民に向かって、「あなた方はこれまで統治客体意識（いわば「被支配者意識」）ばかり持っていて統治主体意識（「支配者意識」）がなかったから、その意識改革のために、ときには日頃の仕事を離れて強大な国家権力の象徴である『人を裁く行為』に参加し、支配者意識、いわば偉くなったような意識を実感してみてはどうですか、いや実感すべきである」と宣っているということ、故山崎潮司法制度改革推進本部事務局長の言葉を借りれば、正に国民に「意識改革」をせまるものである。この司法制度改革審議会の表現は、主婦連の吉岡初子審議会委員も新藤幸司教授も、そして日弁連まで
でもが用いていた。そのような表現に、国民の主権者意識の低調さを既定の事実として受け止めているこの表現者らの支配者意識丸出しの上から目線の驕りを覚えるのは私だけであろうか。

国民の司法参加と言われるものが、その実態は裁判への素人参加であるから、本来は論点をそのことに絞って議論されなければならなかった。繰り返しになるが、その議論の中心は、現在の職業裁判官による裁判が、あるべき裁判という視点から見てどこに問題があり、そこに素人が何らかの形で参加することがその問題の解決に繋がるか否かということでなければならな

い。今回制定された裁判員制度は、裁判員なる素人裁判官が直接裁判の判断に加わる制度として定められたので、ここではかかる素人の裁判参加が司法制度として真に有用であるか否かが論じられ、検討されなければならなかった。

陪参審制はそれほど望ましいものか

いわゆる先進国として称される多くの国には、陪審制、参審制という素人の裁判直接参加制度がある。各制度が司法制度として採用されるに至った歴史的経緯は各国様々であり（清水真「陪審の量刑手続関与に関する一考察」『刑事司法への市民参加――高窪貞人教授古稀祝賀記念論文』現代人文社、一七五頁以下等）、また、陪審制には陪審制なりの問題が指摘されており（例えば、ジェローム・フランク『裁かれる裁判所』（上）（下）弘文堂、古賀正義訳）、時代遅れの制度との鋭い批判もなされている（伊藤乾『ニッポンの岐路裁判員制度――脳から考える「感情と刑事裁判」』洋泉社、一〇二頁）。ノルウェーでは陪審制から参審制に移行すべきではないかということが議論され（『ジュリスト』№一一九六、九四頁以下）、陪審制の母国ともいうべきイギリスにおいても、最終的には陪審制は殆ど利用されなくなるかも知れないとの見通しも述べられている（捧剛「イギリスにおける陪審制批判の系譜」前掲『刑事司法への市民参加』一四九頁）状況であり、それが望ましい制度と考えられているわけではない。陪審制は民主主義に根差すかのように考えられがちではあるが、当初は一一世紀のイングランド、ノルマン公による征服の後、国王裁判所が各地方を巡回して紛争を審理判断するために、地域ごとに名士を呼び出し、自らの体験、知識に応じて情報を提供させる機関、即ち証人的機関として始まり、種々の歴史的経緯を経て変容して来たものと言われており（前掲兼子、二三頁、前掲清水、一七六頁）、民主主義国だから生じたものではない（「陪審制度はもともと専制君主の掌中にあった裁判制度を民衆の手に取り戻すという意図のもとに導入されたもの」との指摘（平良木登規男「参審制度導入のいくつかの問題点」（下）『法曹時報』五三巻二号、二頁）は厳密に言えば正確ではない）。陪審制か参審制かという議論についても種々の議論があり定まってはいない（例えば、新堂幸司『司法改革の原点』有斐閣、二六頁ほか）。日弁連は司法審に対し「司法参加の在り方としては陪審制か参審制しかない」と断言していたし、陪審制と事実認定の問題については、西野喜一教授が詳細に論じ、その制度の問題点を指摘している（西野喜一『司法過程と裁判批判論』悠々社、八六頁）。因みにその中で記されている映画「十二人の怒れる男」の受け止め方（同著、九三頁）は、私のそれに近い。いわば、陪参審制は欧米型の一種の司法文化と言うべきものであり、裁判制度として無条件に優れているなどとは言えないものである。

それ故、まず国民の司法参加が即民主的であり、陪参審制の採用へというような飛躍した議論ではなく、西野教授等も言われる憲法上の問題をクリアーして現在の裁判の抱える問題を根こそぎ検証し、その中で素人裁判官参加が望ましいことであるかどうかが改めて検討さるべきなのである。

裁判官の選任と裁判所の抱える問題

国民は、主権者として国家の統治行為を憲法の定める手続きによって公務員に委ねた。国家意思の形成は国会に、その執行は内閣に、国家の理性的判断は裁判所に委ねた。大切なことは、選ばれた者全てが全体の奉仕者としてその選ばれた場所において選ばれた目的を最大限に達成できるように、全精力を傾注し、情熱を持って、委ねた国民に完全な責任を果たすという全体への奉仕者意識を持ち続けることである。そうではないと思われる場面の多々あることは誠に残念であるが、それ故にこそ国民はそれらに対する厳しい監視を怠らないことである。

ところで、前述した崇高な使命を有する裁判官をどのように選ぶべきか。憲法は下級裁判所の裁判官について「最高裁判所の指名した者の名簿によって内閣でこれを任命する」（八〇条）と定める。最高裁判所がその名簿をどのように調整するかは、憲法は定めていない。極端なことを言えば、憲法八〇条の規定に適合するならば、国民の中から無作為に選んだ者でも構わない。しかし、当然のことながら、裁判という崇高な職務を委ね得る者が無作為に選んだいかなる人間でも良いということになる筈がない。それは憲法を正しく理解し且つ尊重し、法令に精通し、市民からも人格的に信頼され得るものでなければならない。そうでなかったら、国民は安心してその者に司法を委ねることはできないであろう。だからこそ、優れた法曹の任用、養成は、国家としての大事業なのである。

憲法三二条の裁判所における裁判というのは、裁判官による裁判とは書かれていないから裁判員による裁判も違憲ではないという説もないわけではないけれども（前掲平良木論文、五頁外）、憲法三二条に規定する裁判所というのは、間違いなく憲法七六条以下により、国民の信頼に応えうる裁判官によって構成される裁判所のことである。

我が国の司法は、裁判官の公正性、廉直性において諸外国にひけを取らないだけではなく、立法・行政に携わる者とは比較にならないほど高度であることは日頃裁判所と接触している者として感じている。それ故に個々の裁判に対する信頼度は決して低いものではない。しかし、先の寺西判事補懲戒事件に典型的に見られる裁判所の閉鎖的体質、いわゆる人質司法といわれる刑事裁判の実態、そして今次の司法改革について、本来であれば渦中にある当人として各裁判官が自由に発言して然るべきであったのに、まるで貝にでもなったかのように黙り自由な発言を控えてしまうような雰囲気、最高裁判所の人事権によるまるで行政官庁のような転官転所の実施、いわゆる判検交流による権力機関同士の人事の交流、総じて個性の強い者ははじき出されるか、中央への異動は遠のくということによる良い子主義、長官・所長が一般の裁判官よりも偉い、つまりそのような職につくことが栄転と認識されるような状況等、個々の判決には必ずしも表れてはこない裁判所を巡る全般的な体質を私は大きな問題として捉えている。求められるべきは裁判官一人一人の自由な批判的意見と発想、そしてその表現がなされることではないかと思う。この裁判員制度についても裁判官の間で憲法問題から自由闊達に論じられ発表されて然るべきであった。

裁判所の抱える問題と裁判員法

今回裁判所の改革の目玉としていわゆる司法への国民参加が叫ばれ、一応裁判員制度として法律化され施行されている。しかし、それはこれら現状の裁判所の抱える根本の問題には目を向けないで、単に欧米先進国では常識らしく見える陪参審制の真似事を、思い付きで導入したものとしか考えられない。

裁判員法一条は「国民の中から選任された裁判員が裁判官と共に刑事訴訟手続に関与することが司法に対する国民の理解の増進とその信頼の向上に資する」と定めている。そこには、刑事訴訟法一条が定める「事案の真相を明らかにしつつ刑罰法令を適正且つ迅速に適用実現すること」という目的に資するとは定めていない。裁判員として国民が参加すれば、兎角国民とは縁遠い刑事裁判が分かり易いものとなり、また国民に刑事裁判がどういうものかを分かって貰い、それによりもっとその裁判が信頼できるようになるという仮説を立てて一種の国民教育、意識改革、より正しく言えば思想改造をしようとするものである。それ自体思想信条の自由に対する重大な侵害行為である。また、法律の内容を見れば、国民に対するこの制度への参加強制など罰則による脅しの羅列である。死刑とか無期刑という重大な刑罰の選択をせまる場面への参加を強制されるということである。裁判所の理解と信頼の向上のためというお題目のために、一体国民はそのような判断の場に強制的に引っ張り出されなければならない合理性があるのであろうか。未だその説明は全くと言っても良いほどなされていないし、日弁連もその点にはどういうわけか触れようとしない。裁判員法六六条には「裁判員は前項の判断（法令、訴訟手続に関する判断）が示された場合にはこれに従って職務を行わなければならない」と定めているから、裁判員が死刑は憲法違反だと判断しても、裁判官が憲法違反ではないと言えば、それに基づいていわば良心に背いて判断しなければならないという場合も出てくる。そのような場合には、量刑において死刑の選択に反対すれば済むという考え方もあろう。しかし、多数決で、しかも評議の秘密により自分の判断が外部に明らかにできないときには、その結論について終生呵責を覚えることになりかねない。いずれにしても、私は、この裁判員への国民の参加強制は憲法一八条に違反するものであり、かっての徴兵制と基本的に異ならないし、憲法一三条にも違反することも明らかだと考えている。不本意に公務に就かせられるという点では憲法二二条にも違反すると思う。最高裁判所の発行するパンフレットには、裁判員は「非常勤の裁判所職員であり」と記載している。国家公務員法二条二項は、裁判所職員は特別職の国家公務員であると定める。日本国民は、何時から国家公務員になる義務を負ったのであろうか。また、裁判員となることを嫌がる市民を裁判官に据えて一体神聖な裁判ができるのであろうか。仮に裁判員を経験して見たいという物好きだけが裁判に参加したらどうなるであろうか。裁判はショー化してしまう危険があり、それもまた問題である。

前述のように、裁判員制度は真実の発見や法令の適正且つ公平な適用を直接目的とするものではなく、刑事訴訟において配慮されなければならない被告人の権利を無視している。審議会最終意見は、裁判員制度は個々の被告人のためというよりは国民一般にとって或いは裁判制度として重要な意義を有するが故に導入するものだから、被告人には裁判員制度の選択権がないと言うけれども、刑事裁判は本来被疑者、被告人の基本的人権擁護のための手続であり、それが被告人の利益より国民教育・意識改革優先だというのは正に本末転倒であろう。起訴状一本主義による予断排除の原則は、公判前整理手続の援用により既に消滅している。裁判所にとっては被告人より大切なお客様である裁判員の負担軽減のために審理の迅速化が図られる。拙速化は免れない。何故に、国民の司法教育のために、被告人がその選択権もなしに裁判員裁判を受けなければならないのか。大久保元判事の言われるように、「惨憺たる結果を招来する」制度であると言わざるを得ない。そして現にその兆候は見えている。

私は、この裁判員制度は、現在の裁判制度が抱える前述の弊害に対する対処法とならないばかりではなく、むしろその弊害を抱えたまま、或いは拡大しつつ温存させることに貢献していると見る。裁判員制度は一種の参審制であることは間違いない。裁判員は、種々の場面で素人としての悲しさから職業裁判官には従うこととなろう。裁判員法九条に違反するとして解任請求され、解任決定を受けることもある。裁判所は、裁判員という一般市民の参加した裁判という一種のお墨付きを得たとしてこの制度を用いることにより、従来の裁判制度自体をいささかも揺るぎがないものとして運営する恐れが大きい。西野教授も前掲『判例時報』一八七四号、一四頁において触れているが、平良木教授の前掲論文(『法曹時報』五三巻二号、四頁)

の、「(参審員は)職業裁判官のコントロール下にあるのであって、どのような裁判結果になるかは、職業裁判官の説得の努力いかんによるのである」との論述は、裁判員も含めて、参審員が単なるお飾りに過ぎないこと、お飾りでなければ困ることを自白しているようなものであり、語るに落ちるとは正にこのことを言うのであろう。しかし、それは実に正直に述べていると言える。

さらにいささか穿った見方かも知れないが、前述のように、先進国と言われる国の中で陪審制或いは参審制を採用していない国は我が国ぐらいだと言われる中で、これから国際連合安全保障理事会の常任理事国を目指す国として陪参審制がないのは格好がつかないという、いわゆる「普通の国」として常任理事国入りをするための体裁を整えるという意図があるのではなかろうか。

おわりに

裁判に素人裁判官を参加させるかどうかということは、仮に万一憲法問題がクリアーできたところで、そのことが果たして公正適切な裁判に資するものかどうかという一点からのみ判断されるべきであり、国民の統治主体意識の涵養などというお為ごかしの意図をもって判断さるべきことではない。そして、それは良い裁判の実現のために、裁く立場の人はいかなる人であるべきか、その人を抱える裁判所はいかにあるべきかという問題に還元されるべきものである。

裁判という仕事は、突き詰めれば神業に近いことであり、まして人の生命、身体、財産に対し直接に、権力的に影響を及ぼし得る作業を行うことになれば、その担当者は人間的にも極めて困難な立場に立たされる。裁判は本来、裁く者にとっても裁かれる者にとっても苦役である。そのような職務を行う人間をいかにして獲得し且つ養成するかが問題の核心である。裁判員という一般国民から選ばれた素人裁判官が、よくその職に耐えうるか、前述のように、その職務に従事したくないという人間を裁く立場に立たせて果たしてよくその責任を果たしうるのか、そのような者にかかる一生守秘義務を課するような重い責任を負わせて良いのか、また、なりたい者だけを裁判員に選んで良い裁判ができるか、を考えることがその制度の採否には欠かせない検討事項である。

素人裁判官の参加が好ましいという場合は、現在の裁判官の判断には信を置けない、素人裁判官の関与が望ましいという状況の存在が必要である。日本の裁判には、前述のような種々の改善さるべき問題があることは事実であり、そのまま放置して置いて良いとは決して思わない。しかし、前述のとおり、素人裁判官が参加しなければ正しい裁判が行われないという状況は今の日本の裁判にはない（なお、椎橋隆幸「裁判員制度が克服すべき問題点」『田宮裕博士追悼論集』（下）信山社出版、一三二頁も同様の認識ではないかと思われる）。

私の法曹としての五〇年近い経験から言えば、判事補制度をなくし、権力とは無縁の弁護士その他の法律関連職を少なくとも一〇年、できれば一五年経験した者が裁判官に就任することが望ましいと思っている。仮に今現実問題としてそれが困難であれば、せめて高等裁判所の合議体の一ないし二名はそのような経験者とすることから始めてはどうかと思う。それもまた困難とすれば、高裁合議体にそのような経歴を有する、憲法八〇条の要件を満たした非常勤裁判官の任用も考えられる。現在の司法の抱える問題の最大のものは司法の官僚化であり、それをチェックする手段としてはかかる対応が当面は適当ではないかと思うからである。

国民は憲法の手続きに従って司法を裁判官に委ねた。委ねたら委ねっぱなしでよいのか。ここが正に司法への国民参加といわれるものの論じられるべき場面である。

司法権の独立は、その判断をすることについての独立であって、そのなされた判断についての批判を封じることではない。職業裁判官各人にとって危惧されることは、人間であれば、長期間、立法権、行政権と対等な権力行使をしていることによって、いつしか権威を笠に着る感覚が身につく危険があることである。当事者ではない立法機関、行政機関がその個々の判断を批判し介入することは許さるべきではないが、国民による裁判、裁判所批判はいかなる段階であっても認められるべきであり、裁判官、裁判所はその声に謙虚に耳を傾け、襟を正してその職務を行うべきであろう。そして何よりも裁判官は、孤高に陥らず、権威ぶるようなことは避け、市民と交わり、市民集会等にも積極的に出て討議に参加することも重要であろう。現在はその選任に透明性を欠く調停委員、司法委員、参与員、専門委員についても、市民から公募すること、司法委員、参与員制を民事、家事のみではなく刑事にも拡充すること、その人数の複数化も視野に入れることなどの市民の司法への参加の形態を工夫すること、ノルウェーで採用されているという法廷監視人制のようなもの、或いはアメリカで行われているというアミカス・キュリエ（amicus curiae「裁判所の友」の意）（森川金寿「裁判の民主的コントロール」『裁判法の諸問題――兼子博士還暦記念』（上）有斐閣、二六五頁、棚瀬孝雄「訴訟動員と司法参加」同二四一頁）のようなものを採用することも考えられるであろう。

また、裁判所を市民に対し開放的なものとするために、定期的に長官・所長・支部長室に市民を招じ入れ、長官・所長・裁判官らが親しく市民と裁判について語り合うこと、裁判官の転勤は必要最少限度にとどめること、原則として昇給制度をなくすこと、判検交流は御法度にすること、司法行政は本来の形である裁判官会議の議によること、その裁判官会議は強大な規則制定権を有する最高裁のそれを含め原則公開とすること、裁判所を市民に開放しコンサート等を開催すること等の施策の実行により、裁判員法一条記載の目的の実現は裁判員制度実施などよりもはるかに効果的であると考える。なお、最高裁判所は、先に憲法の解釈上「評決権を持たない参審制」を司法制度改革審議会に意見として提出し、のちに撤回したけれども、その意見の提出や撤回についての最高裁判所裁判官会議の議事録は公開されて然るべきであろう。

さらに多くの人が述べているように、幼少時から正しい歴史の教育と共に憲法を含めた法教育をなし、そこに裁判官や弁護士が参加することも望ましいのではなかろうか。また、法廷傍聴の誘いも、裁判の公開の実を上げるためにも良いことと考える。

国民の司法参加というのは、そのような形、いわば司法の市民化が望ましく、多くの国民の基本的人権を侵害する虞が大であり且つ被告人の利益を害する今回の裁判員制度などは即刻廃止さるべきである。

陪審制・参審制は憲法違反だとか、そのような制度は望ましくないなどと大上段に主張すると、反民主主義のレッテルを貼られるような雰囲気がある中で、無能、非力を省みず裁判員制度反対の論陣を張り、また敢えてこの拙文をものした真の動機は、単に裁判員制度を批判し、裁判所の現状を批判しようとするだけではない。一九九〇年に司法改革が叫ばれてからあれよあれよという間に、司法試験制度、司法修習制度にメスが入れられ、ロースクール制度が始まり、弁護士大増員、弁護士職務のビジネス化へと一気に進み、この裁判員制度についても、国民の司法参加という美名のもとに十分な論議なしに施行され、その後七〇％以上の国民の批判的意見にさらされるという、つまり国民の意向を全く無視する形で制度化された一連の流れと、当初は日弁連、弁護士会も多少の抵抗の姿勢を見せはしたけれど、その声はいつしか小さくなり、この裁判員制度という、一時は最高裁も違憲の疑いありとしていた制度について今は賛意を示し推進さえしていることに心底危機感を覚えるからである。この翼賛体質は、憲法改訂の動きに対する国民の反応に極めて重なるところがある。

私は、以前読んだ本で、『彼らは自由だと思っていた——元ナチ党員十人の思想と行動』（ミルトン・マイヤー著、田中浩、金井和子訳、未来社）を思い出す。その中に、「ニーメラー牧師は、(御自身についてはあまりにも謙虚に) 何千何万という私のような人間を代弁して、こう語られました。ナチ党が共産主義を攻撃したとき、私は自分が多少不安だったが共産主義者でなかったから何もしなかった。ついでナチ党は社会主義者を攻撃した。私は前よりも不安だったが社会主義者ではなかったから何もしなかった。ついで学校が、新聞が、ユダヤ人等が攻撃された。私はずっと不安だったが、まだ何もしなかった。ナチ党はついに教会を攻撃した。私は牧師だったから行動した――しかし、それは、それは遅すぎた、と」という一節がある。このエピソードは良く取り上げられるものだが、この裁判員制制定への流れが、憲法改悪、徴兵制への地ならしではないか、今これを止めないと大変なことになるのではないかという思いが消えない。

今からでも遅くはないから、問題の本質を徹底的に議論し、批判すべきものは批判し、賛成すべきものは賛成するという民主主義の原点に立ち返って自由に論じられることを念じるのみである。

2　裁判員制度批判決議に関連して――裁判員参加義務の非民主性

私達仙台弁護士会会員一五名は、二〇〇六年七月七日青森市で開かれた東北弁連大会に「裁判員制度についてその廃止を含む抜本的再検討を求める決議案」を提出し、裁判員制度が、国民に対し参加を強制し、終生守秘義務を課すことの違憲性、被告人に制度選択権を与えないこと等の制度上の問題を指摘した。

私達の決議案に対し大会当日述べられた反対意見は、決議案の内容自体を批判するものではなく、これまで日弁連・単位会が検討し推進しようとした陪審制について憲法問題を含めた議論の中で論じ尽くされ、司法改革宣言もなされているのに、なぜ今このような決議案を提出するのか理解し難いという内容のものであった。提示した問題について真っ向から議論を挑まれることを期待していた私達には、その意見はいささか期待外れではあったが、良く考えてみればこの意見には、現在もなお私達の提示した問題について日弁連が真正面から検討した形跡は無く、専らその制度の広報と施行を前提とした実務的検討に時間と労力を費やしている現状の背景をうかがわせるものがあると思った。

日弁連は、その反対意見が述べるように、長い間陪審制の実現を求め、調査、研究、提言を精力的に行ってきた。それは停止中の陪審制の復活というよりは、アメリカ型の陪審制の採用ということである。我が国には欧米先進国では採用されている市民参加型の裁判は行われていない、採用するとすれば陪審制こそが望ましい、司法審審議の過程でも日弁連はそう主張してきた（二〇〇〇年九月一二日付意見書）。

ところが、裁判への市民参加がいざ裁判員法という形で成文化されて見ると、一般市民の参加強制、その守秘義務、プライバシーの確保、被告人の制度選択権等の国民の基本的人権、被告人の裁判を受ける権利等制度存立の基盤となる点において、潜在していた憲法上の問題が浮上した。しかし、司法審でも国会でもまた日弁連でも、意識的かどうかは分からないがその点を議論した形跡は殆ど無い。

裁判員制度について司法審は「裁判員選任の実効性を確保するためには、裁判所から召喚を受けた裁判員候補者は出頭義務を負うこととすべきである」という。「統治主体・権利主体である国民が司法の運営に主体的・有意的に参加する」という司法審の立場からすれば、本来は、司法への市民参加は国民の権利であって義務ではないという理屈にならなければおかしい。それが義務化に変質した理由は、前述の「実効性を確保するため」という便宜論以外には表向きない。しかし、それだけの理由で、その義務化は容認されるであろうか。或いは意見書の「司法部門も『公共性の空間』だ」という怪しげな言葉が国会や日弁連の批判力を麻痺させ、主権者は私的生活に安住することなく、公的な場に出て公的義務を尽くすべきであるという滅私奉公論を当然視してしまったのかも知れない。そうとすれば司法への市民参加の義務付けは、民主性を装った極めて国家主義的な臭いがするものと言える。その論理は、徴兵制是認に直結する恐ろしいものである。

右に述べたように、司法審、その意を受けた国会の、司法への市民参加の義務付けの論理は明確ではなく、またその建て前と矛盾し、結果として国民の幸福追求権（憲法一三条）、その意に反して苦役に服させられない権利（同一八条）等を侵害する。憲法の規定上、一般市民に評決権を与える裁判所は憲法第六章に定める裁判所とは解し得ないのに、無理にこじつけて裁判員裁判を合憲化しようとする。このように、憲法をねじ曲げてまで裁判員制度を推進しようとするのはなぜなのであろうか。司法への市民参加の無条件の肯定の故に、それが国民を国策に駆り出そうとするナショナリスティックな動きであることに気付かないのではないか。または、一般市民の司法参加がないことによる我が国司法の欧米各国への劣等感があるのだろうか。しかし、我々がここで考えなければならないことは、司法とは何ぞや、その司法が真に国民の負託に応えるには制度としていかにあるべきか、を根本から問い直すことではないのか。各国の司法制度はそれぞれに歴史的背景、政治的配慮があって成り立っているものであり、欧米で採用されているから我が国でもという発想は、一種のブランド指向にしか過ぎない。現に、英国では陪審対象事件は減少し、将来は廃止されるのではないかとの予測もある。

民主主義の本質は、まず国民が個人として尊重され、その幸福追求権は最大限尊重されるということであり、司法の民主化を唱えるのであれば、市民を「公共性の空間」に徴用、動員するのではなく、市民の人権の確保に司法が最大の奉仕をするという形こそが望ましい。人民意思を重視される立法・行政の分野でさえ、国民はその意思決定を基本的に然るべき公務員に委ね、それに対し雇主（主権者）として高給を支払い、高額の予算を使って研修、養成を行ってきている。それに関連する本質的且つ困難な問題は、雇主は、どうしたらその公務員に対し、常に誠実に雇主に対する本来の義務を尽くさせ得るかということである。

これまで、法律専門家は、陪審・参審という、制度としての市民の司法参加を論じるときに、参加手続を終えて開始された裁判の審理の場面のみを取り上げ、その制度が良いの悪いのと論じてきた。現在頻繁に行われている模擬裁判然り。しかし、その裏には、或る日突然に召集令状により日常の平穏な生活を著しく乱され、プライバシーを侵され、終生重い守秘義務を負うことになる一般市民、いわば貧乏くじを引く市民の生じることへの配慮がなかった。つまり、これまでの専門家による司法への一般市民参加論は、陪審制度を含め、それこそ専門家が一般市民から遊離した独善的議論として行ってきたものとは言えまいか。

長い間陪審制の実現に尽力してきた日弁連が、恐らく似て非なる思いを持って受け止めている裁判員制の、私達の先に指摘した問題について意見表明をせず、今更なぜこのような決議案をと訝って、改めてその問題の根本的検討を怠る背景には、これら一般市民の人権に関わる問題について十分な検討を怠ったとは言え、兎も角陪審制度を推進しようとしてきた行きがかりから、今更市民参加の一形態の裁判員制推進の旗を降ろすわけにはいかないという体裁論があるのでもあろうか。もしそうとすれば、国民や被告人にとっては悲劇という以外にはない。

裁判員法は余りに問題の多い法律である。各種世論調査でも、権利主体たる国民の主体的参加は望み難い状況である。しかし、同法の制定は、市民の司法参加という問題について根本から検討する機会を作ったという反面教師的役割は十分に担っている。私達弁護士は、この機会に、裁判員制度の抜本的再検討に着手すると同時に、一般市民に対しこの制度の抱える問題の深刻さを説明し、且つ有るべき司法について論ずべきであると考える。

3　裁判員制度にかかる最高裁判所の広報活動について

裁判員法の施行が予定されている二〇〇九年五月まで二年を切った。各地方裁判所が裁判員候補者の員数を市町村に割り当てる作業を考えれば、その制度の稼働開始まで実質一年を切っている。

最高裁判所は、有名女優を裁判員制度イメージキャラクターに起用し、二〇〇六年度には法務省と日本弁護士連合会とともに広告主として名を連ね、「私の視点、私の感覚、私の言葉で参加します」という懸賞第一位当選のキャッチフレーズを添えて全国紙に一頁全面広告を出した。その他映画、ポスター、パンフなどにより、盛んに宣伝広報活動を展開している。ポスターやパンフには赤と青二つの円を交差させた裁判員制度のシンボルマークを付けている。それは裁判官と裁判員との協働行為の無限の可能性を示すものだという。

裁判員法付則二条一項は、政府及び最高裁に、制度について国民の理解と関心を深めるとともに国民の自覚に基づく主体的な刑事裁判への参加が行われるようにするための措置を講ずるよう求めている。いわば制度広報義務を課している。それには裁判員制度は司法制度の基盤になるとの肯定的前提がある。

最高裁は庁内に有識者を委員とする裁判員制度広報に関する懇談会を設置し、同委員会に広報についての諮問をして意見を聞き、それを広報活動の一助としている。

最高裁のこのような、外見上は情熱的とも評し得る宣伝広報活動は、前記付則の定めを受けてのものであることは間違いがない。

この点について大久保太郎元判事は、かかる最高裁の広報活動は裁判員制度にかかわる違憲法令審査権を事実上放棄したとの疑いを呼ぶと指摘する（「週刊法律新聞」二〇〇七年四月二〇日号）。

違憲法令審査権は、常に具体的争訟の解決に当たって行使される。裁判員法もいずれはその法令審査の対象となる法律であることは間違いがない。

問題は、具体的争訟における判断が示されるまでは、最高裁或いは下級裁判所は、いずれは審査対象となる法令、制度についてその単なる内容の正確な説明ではなく、実施の推進役を努めても良いのかということである。

私たち国民は、主権者として最高裁に対し、憲法上いかなる役割を与え、いかなることを期待しているのであろうか。それは憲法七六条に定める、憲法及び法律にのみ拘束される司法権の良心に従った独立行使であり、八一条の定める終審としての法令審査権の行使である。つまり、司法は、民事・刑事・行政を問わず、過去に生じた事件についてその事実関係を認定し、法令を適用することが本来の使命である。規則制定も司法行政事務も、その司法権の円滑、適正な行使に必要な範囲で行使されるべきものである。上記裁判員法付則二条一項の定める広報義務の行使はいわゆる司法行政事務ではない。国会がいかに国権の最高機関として立法権を行使し得るとしても、成立した法律全てについて憲法違反性の有無の最終審査権を有する最高裁に対し、その法律の有用性を前提に広報義務を課すことは、三権分立の立場から許されるだろうか。上記付則二条一項中、最高裁にかかる部分は憲法七六条三項に違反する疑いが濃厚である。

ところが、かかる広報義務を課す法律を受けて最高裁は上述のとおりその法律、制度の宣伝、広報活動をしている。

最高裁は嘗て司法制度改革審議会における審議の過程（第三〇回）で、裁判官以外の者が評決権を有する裁判は違憲の疑いがあるということは大方の裁判官の一致した意見である旨報告していた。その意見の当否は別として、裁判員法は裁判官以外の者に裁判官と基本的に同等の評決権を与えるものであり、その最高裁の意見からすれば違憲の疑いが濃厚なものの筈である。

法令審査権を有する最高裁と、裁判員制度の宣伝広報をする最高裁とは同一ではあるが、最高裁というところは二つの顔を何ら違和感なく使い分けることのできる器用な官署であるとでもいうのであろうか。国民は、その使い分けをそうたやすく信ずることはできないのではないか。裁判員制度の宣伝広報に巨億の税金を注ぎ込み、庁舎を整備し、法施行後に裁判員に旅費日当を支払ってなされた刑事判決の上告審において、最高裁は、裁判員に評決権を与えた一審判決は憲法に違反するから無効であると判断することが果たしてできるであろうか。また、下級審においても違憲判断は可能であるところ、現在のような最高裁の宣伝広報活動を下級審にも浸透させ、一部裁判官に市民に対する広報活動を命じている状況で、下級審裁判官は違憲判断をなし得るであろうか。

法令審査権は、具体的争訟における判断として行使されるものではあっても、かかる権限を有する裁判所の広報活動には法令審査権の行使、つまりいつでも違憲判断を躊躇無く行使できる形のものに限局されるべきではないかと考える。

率直に言えば、私は、最高裁は裁判員法付則二条一項に従う義務はなく、ただその制度施行のために事務的に対処することを限界とすべきではないかと考える。つまり、その法律制度についいては推進の立場での宣伝活動は行わず、それは行政庁たる法務省に委ねるべきものと考える。

国民の司法参加は、陪審制にしろ参審制にしろ狭義の司法機能によってのみ定まるものではなく、より大きな政治イデオロギーを受けて行われるものである。裁判員制度推進のための宣伝広報活動は、その性質は司法作用ではなく政治活動であり、最高裁はその政治活動の旗振り役をしているということである。

私たち国民が最高裁を頂点とする司法機関に望む最大のものは、行政・立法機関とは常に距離を置き、常に批判的立場に立って国民の権利を守ることに徹することである。最高裁が行政機関と同様の宣伝広報活動に力を貸すことは、その本来の使命に反する。

なお、念のために付言するが、裁判員制度の導入が政治的イデオロギーを受けるものだからといって、個々の裁判官がその問題について研究し、一市民として良心に従ってその賛否の意見を表明することは、学問・思想・表現の自由の表れとして歓迎されこそすれ非難されるものではない。

現在、現職裁判官からのかかる意見表明には接していない。最高裁の現在の宣伝、広報活動が制度推進一本槍であるために、かかる裁判官の市民的自由に制約を加える結果になっているのではないかとも考えられ、この点からも現在の最高裁の活動には問題がある。

4　裁判員制度に見る民主主義の危うさ

司法制度改革の柱の一つとして掲げられた「国民的基盤の確立（国民の司法参加）」の具体化であり、司法の民主化と言われるいわゆる裁判員制度について、法制定以来の法曹三者とマスコミ一体の懸命な広報宣伝活動にも拘わらず、その制度への批判的意見は次第に強くなり、二〇〇八年二月、弁護士会としては初めて新潟県弁護士会が国に対し制度施行延期を求める決議案を可決した。また、最近の最高裁判所の行った世論調査の結果も、むしろ制度に消極的な傾向が強まっていることを示している。

民主国家における主権者たる国民とは治者であり被治者であるものと言われるが、現実的には、我が国を含め代表民主制をとる国の国民とは、主として国家機能（国家権力）を担当させるに足る公務員を選定し、これを監視し、罷免することができ、且つその国家機能による福利の平等な還元を要求し得る存在であると言える。

国民のかかる権利は、直接的には政治の分野に関するものであり、その多くは政党の選別の形で行使される。国家の将来をいかなる方向に向かわせるか、現実に生起している国家的問題をどのように解決することが国民の利益にかなうかという、多数決原理による国家意思決定への関与である。裁判員制度の是非の問題は、正にこの国民の関与すべき政治問題である。ところで、三権の一つである司法は、かかる国家の機能とは異質のものである。その分野は、むしろ、かかる政治、政党の関与を排除する。憲法とその下に民主的に制定された法律に忠実に従うという点では民主的であり且つ政治と無縁ではないけれども、司法権の独立と称されるように、その基本的作用は過去に発生した事実の証拠による認定とそれについての法令の適用という、政治の動きや力から独立したものとしての判断作用であって、その個別事件については多数決原理による民意の反映の余地はない。その意味で司法は逆説的に言えば民主主義に抗う分野であるとさえ言える。「一般にはむしろ司法は政治部門の組織原理である民主主義によって支配さるべきではない」（今関源成「参加型司法」）などの意見は同様の認識を示していると解される。

国民は、国家との関係では、前述のとおりその国家機能による福利の享受者であり、国家と対置し、対立する関係にあるものであり、自ら選んだ公務員を公僕として監視し、批判し、その有する情報の提供や十分な説明を受ける権利を有する存在である。日々のニュースの中に、市民が国家を批判・非難し、国家に対し損害賠償を請求し、国家に適切な行為を要求するなどの内容のいかに多いかはそれを物語る。つまり、民主主義国家の国民は、国家権力と対置・対立し、一市民としてそれぞれの生活観、思想、信条、信仰を抱き、自らの家族、職務、人生を大切にする存在でありこそすれ、それらを犠牲にして国家機関の一部に徴用される存在ではない。

国民は、自ら個人としてはなし得ない、することを欲しない行為を、その職に就任することに使命感を抱き、これを承諾した人間を適材の公務員として選任し、税金を支払って雇い、その行為に従事させている。

裁判員制度は、かかる国民、つまり国家と対置し、国家機能から平等に福利を受け、公務員を公僕として使う権利を有する存在、つまり本来主人たるものを、国民的基盤を強固にするという名目で強制的に下僕扱いしようとするものであり、いささかも民主的なものとは言えない。国家は一つの巨大な組織である。国家や組織の運命は、主権者である国民が、正に優れた人材を適正規模で適所に配置し得るか否かにかかるとさえ言ってよい。司法の国民的基盤なるものは、本来、公正さを保ち、人権擁護機能を果たし、国民の信頼を得ることによって得られるものである。司法は、国家機能のうちで、特に透徹した事実認定能力と、適正な法解釈、法の適用という感情を制御した理性的、知的判断を求められる分野であり、裁判の経験のない、しかも民意によって選ばれたものではない一般市民が、「私の視点、私の感覚、私の言葉」で勝手に判断することの許される分野ではない。

裁判は、取り返しのきかない一個の人間の一回限りの人生を左右する重大な国家作用であり、裁判の当事者である国民にとってはいわば国家の運命以上に重大なことである。かかる重大な国家作用に、国民の代表たる資格のないかかる一般市民を参加させることがどうして正当化できるというのであろうか。裁判員裁判については、職業裁判官が評議をリードするから、また職業裁判官のみで構成される控訴裁判所で原裁判はスクリーニングされるから、その判断の正当性は担保されるということは制度推進派の本音かも知れないけれども、それは口が裂けても言えまい。それを言えば、「市民の健全な常識を裁判に反映させる」という裁判員参加の意義とされるものを自己否定することとなるばかりではなく、裁判員制度は、見かけは民主的だが正体は官僚裁判官制の温存、恒久化そのものであることを暴露することになるからである。

このように言うと必ずなされる反論は、G8のうちで陪審・参審という形の司法への国民参加がないのは我が国だけだという主張である。しかし、かかる制度は、それぞれの国の特殊な歴史的経緯を経て存在しているものであり、G8のうち我が国を除いて全て行われているから即採用に値する良い制度とは言えない。それらは司法の本質に対する冷静な考察を経て司法制度として望ましい形であるが故に採用されたものではない。優れて政治的所産である。陪審やその変形としての参審が採用されている国は、いわゆるキリスト教を信じる国民が多い。キリスト教は人が人を裁くことを戒める。そこには全ての人は罪びとだという認識がある。かかる教えを信ずる人々の多い国において、一般国民が陪審員、参審員として人を裁くことに参加すべきこととされたことは、歴史のもたらした一つの矛盾である。それは、平和を標榜する民主国家が核兵器を保有し、私人の銃所持を基本権として認める矛盾に通じるものであり、陪審や参審が民主先進国で行われているからといって直ちに良い制度だということにはならない。各国の司法制度はそれぞれに問題を抱えており、それらはいわば隣の芝生でしかない。

本来、人が人を裁く行為は人倫に反する非日常的なことである。各種世論調査において、人を裁きたくない、裁く自信がないという意見の多いことは、国民の倫理性の確かさを示すものである。人を裁く行為は一種の悪であり、それは国家故にやむを得ないものとして存在するものであって、現在行われている、刑罰としての死刑の執行、人の自由を奪う行為、或いは戦争で人を殺す行為同様個人の行為としては許されない、本来ない方が望ましいことであって、危急の状態にある人を救助すること、はたまた真実を証言することのような、本来人倫に適う行為とは全く異質の行為である。もとより人倫に適うことであれば何でも強制できるかはまた別の問題である。

いわゆる国民の司法参加は、決して民主主義に根差すものではないし、民主的なものでもない。むしろ「民主主義の根本的な長所は人間が政治生活を営むうえに人間の尊厳と両立するという一点にある」（福田歓一『近代民主主義とその展望』岩波新書）とされるところからすれば、裁判員制度は、多くの国民から望まれないことにおいて、国民に対し人（隣人）を裁くことを義務付ける点において、裁かれるものを正体不明のものに不公正に裁かれる危険にさらす点において、またその立法までの審議の過程の余りにもお粗末なことにおいて、そして極めて欠陥だらけの制度の権力による押し付けであることにおいて極めて非民主的なものである。

「裁判員制度は、政府が公共性・徳性を振りかざして個人の内面の改造を意図する試みであり、公共的価値や国民の義務を強調する改憲の理念と相似形をなしている」との指摘もある（今関前掲書）。かかる制度が、日頃人権尊重を唱え、憲法擁護を掲げる政党を含め、官民マスコミ一体で推進される現状に、私は我が国民主主義の危うさ、薄ら寒さを感じないわけにはいかない。

かかる重要な司法制度の改革については、初めに国民参加ありきではなく、官僚的現司法制度に対する批判的検討を踏まえ、公正且つ人権保障機能を十分に果たすことができ、国民から信頼される良い司法制度とはいかにあるべきかを、検察、警察部門を含めて国民的議論により、定められた施行日を変更して根本から検討されなければならない。その過程で、いかなる形の、いかなる部門への国民参加が必要であり、真に望ましいものであるかが論じられるべきである。

5　裁判員裁判開始後の発言等の意味するもの

はじめに

裁判員裁判が動き出してから半年が経過した時、司法界のトップは、裁判員制度について揃って概ね順調に行われているとか、円滑に実施されている、世論の圧倒的支持を受けているなどと肯定的評価をしていた（「週刊法律新聞」二〇一〇年一月一日号）。最高裁の有識者懇談会メンバーの一人は、「裁判員裁判の順調な運用に接したとき感激した」とまで言っている。

この制度が世論の圧倒的支持を受けているというのは、これまで行われた世論調査において制度に対する否定的回答が七〇～八〇％にのぼっていることからして明白な誤りであろう。かかる発言は論外として、順調・円滑という評価は何を基準になされているのか、つまり何をもって順調と言い、円滑と評しているのであろうか。

推察するところでは、恐らく、裁判員候補者が集まらなかったために開廷できなかったとか、折角開いた法廷も裁判員の中途辞退者が続出して裁判を中断せざるを得なくなったというようなトラブルがなく、また、最高裁の用意した心のケアを受けた者もおらず、何はともあれ裁判の格好はついた、判決まで漕ぎ着けたということを評しているのではなかろうか。

最高裁が有識者懇談会に提出した実施状況の資料で、当初消極的な参加意向を示す者も参加した後では九七・五％の者が非常に良い経験又は良い経験をしたと回答したこと、出席を求められた裁判員候補者の出席率が不到達の者を除くと九一・三％であることも、その順調・円滑という評価に結びついているのかも知れない。

これらの実施状況についての発言、報道等の意味するものは何か、それが何ほどの価値を有するものなのかについて、まず裁判員法の規定を足掛かりに以下少しく考えて見たい。

裁判員法のコンセプト

裁判員の参加する刑事裁判に関する法律いわゆる裁判員法は、何を目的としているか。「司法に対する国民の理解の増進とその信頼の向上」がその目的であるかのように思われ勝ちだが、裁判員法には目的規定はない。ただ、規定内容の総括としての趣旨規定があるのみである。裁判員が刑事裁判に関与することが司法に対する国民の理解の増進とその信頼の向上に資する（司法制度改革審議会（以下「司法審」という）意見書Ⅳ第一、一）という仮説に基づいて、この法律は、①まず素人である国民を刑事裁判に「参加」させるための規定を定め、②素人を刑事裁判に「参加」させれば今までの刑事訴訟のスタイルのままでは運用できないから運用できるスタイルに変えるという単純なコンセプトから成り立っている。

司法制度改革推進本部が制度設計上余り苦労せずに済んだのは、司法審の意見書が、裁判員制度について国民の参加強制、被告人の裁判員裁判拒否権の否定且つ新たな公判前準備手続の創設の提言というお膳立てをしていたからであろう。

この制度設計について見落としてならない重要なことがある。それは、司法審意見書でも特に断りがなかったから当然のごとく考えられ、またその後も意識して取り上げられてはいないことだが、裁判員制度では、素人の参加はなされても、職業裁判官の優位を保ち、現行職業裁判官制度を堅持するという基本姿勢は貫かれているということである。制度立案者としては、現制度は良く運用されているという認識から出発したものであることからすれば当然であるが、さらに出来上がった制度、例えば裁判員選任手続の指揮権、裁判員解任権、公判前整理手続の主宰、評決において職業裁判官が賛成しなければ裁判員の思うようにはならないという仕組み、控訴審は職業裁判官のみで審理されること等を見れば一目瞭然である。

目的規定がないから、目的の達成度からの検証評価は不可能である。この制度の実施に関連して、裁判が分かり易くなった、迅速になった、いくらか取調べの可視化が進んだ、その可視化の議論が活発になった、被疑者国選弁護制度が拡充された、保釈も認められ易くなったなどの評価がなされている。しかし、これらは一つの現象であり、果たして全て事実であるか、良いと評価し得るものなのかは疑問であるうえに、元々制度目的とされたものではない派生的なものであって、第一、素人参加制度でなければ実現できないことではない。

裁判員法の真の狙い

裁判員法自体には目的規定がないと述べた。しかし、その制度の発案者、制度設計者らには大きな狙いがあった。それは秘せられたものではない。裁判員制度提言者である司法審の意見書は、「裁判所（司法部門）は……国会、内閣（政治部門）と並んで「公共性の空間」を支える柱として位置付けられる」、「統治主体・権利主体である国民は司法の運営に主体的・有意的に参加しプロフェッションたる法曹と豊かなコミュニケーションの場を形成・維持するように努め、国民のための司法を国民自らが実現し支えなければならない」と述べている。二〇〇八年九月三〇日、同審議会の事務局長であった検事総長樋渡利秋氏は、法の日の記者会見で、「規制緩和社会による事後監視型社会というのは自由競争を中心とする社会のはずであり何でもありの社会になりかねない。その自由競争を守るためにはきちんとしたルールを作ること、そのルール違反者に対しては制裁が必要となる。事後監視型社会をつくるためには法の支配、大きな司法が必要だが、そのためには法制度を改めて人をきちんと教育していくことが必要である。法曹数が増えてもそれだけでは役に立たない。司法というものは大きさに見合った国民の信頼を勝ち得ていなければならない。国民により司法に親しんでもらい、近くてより頼りがいのある司法をつくるためには国民に中に入ってもらうのがいい、そこででき上がったのが裁判員制度」だという趣旨の説明を堂々としている。審議会の審議全般を事務局長として見てきた者の率直な意見であり、司法審の本音と見て良いであろう。また、司法制度改革推進本部の事務局長であった故山崎潮氏も「司法制度改革の成果を振り返る」座談会において樋渡氏と同様のことを述べ、さらに「国民も自ら参画して社会を守って行くのだという意味で意識改革をしていただきたい」(『法律のひろば』二〇〇五年六月号)と力説している。山崎氏は推進本部の検討に深く関わった者であり、それはその本部を代表する意見と見て差し支えあるまい。事後監視型社会における治安維持についての国民の意識改革、国民教育がその狙いであり、裁判員制度立案者にはそれ以外の狙いはなかったのである。その狙いは正鵠を射たものとは到底思えないが、裁判員制度を考えるうえでこの事実に目を伏せてはならない。

樋渡、山崎両氏の意見は、つまるところこの司法審意見書中の「公共性の空間」への国民の動員計画の説明に尽きる。しかし、ここで言われている公共性は、国家が権威的に担う公共性を指すものである。公共性には、そのほかに市民社会的な公共性があり、さらにそのいずれでもない、「私」を活かすことで「公」を開く視点の公共性もあり、今は後者の重要性が指摘されている(今田高俊「新しい公共性の空間を開く」『学術の動向』二〇〇六年七月号、一二頁)。しかし、この司法審の言う公共性は、国の内側において「上から与えられたもの」であり、到底市民社会的公共性と言えるものではないし、まして「私」を活かす、ついで「公」を開く視点の公共性でもないことは明らかである。それはとても民主的なものではなく、時代錯誤の、国民を国策に駆り出す極めて国家主義的なものである。

裁判員経験者のアンケート結果について

最高裁は、裁判員への出頭率九一・三%は特筆されるという。その数字は、出頭を求めた全裁判員候補者を分母とするものではなく、出頭を拒否しなかった候補者を分母とするものだから、その率の高いのは当たり前である。呼出状を送付した候補者数を分母とすれば四〇%を切るとも言われる。それは別として、この出頭者の中には、正当な理由によらない不出頭の場合の一〇万円以下の過料の制裁の告知により、その制裁回避のために遠路態々裁判所に出向いた人もいたはずである。裁判員に対する報道機関のインタビュー中には、過料の制裁の告知がなかったらあなたは出頭しましたかという質問は見当たらなかった。脅しをかけて呼び出しておいて、それに応じた人間が多かったことが何故に特筆すべきことなのであろうか。誰だって国家による過料の制裁などという汚名は着たくないし、そう易々と一〇万円は捨てられないではないか。

また、最高裁は、前記の九七・五%の良い経験・非常に良い経験をしたとの裁判員経験者の感想について、「国民の側としても充実感をもって裁判員としての職務に従事していただいたことが窺える」とコメントしている。しかし、よく考えてもらいたい。日頃は全く経験したことのない一生に一度あるかないかの極めて珍しい経験をし(させられ)、それも権力者と同じレベルで哀れな被告人を見下ろす経験をすれば、貴重な経験だった、良い経験だったと思うのは、余程謙虚で人を裁くことに罪の意識を抱く人でもなければ無理もないことであって、それによって裁判員制度は順調・円滑に運営されており、良い制度であるとか、国民は充実感を持って職務に従事したなどと評し得るものでないことは明らかであろう。この最高裁情報を無批判に大きな見出しで記事にしているマスコミや、「この間の関係者のご努力が実った」などの評価は、余りに浅はか過ぎはしないだろうか。

裁判員裁判を実施した裁判所では、仕事を終えた裁判員に感謝状と記念のバッジを贈呈したところもあると聞く。これらの最高裁等の評価、感想、行為は、上官が部下をねぎらい論功行賞を付与するような権威主義的パフォーマンスである。

実施後の報道について

裁判員法に規定されてはいないけれども、いつしかこの制度は、裁判への一般国民の健全な常識を反映させるものだと言われるようになった（日弁連発行の冊子等）。しかし、最近の新聞報道は、裁判に民意を反映する、或いは市民感覚を反映するという用語はあっても、「健全な」が消えている。何をもって「健全」というのか分からないだけではなく、全くの素人がプロの裁判官と裁判の場に同席して評議を行う場合に、そこで示された素人の意見に「健全な」と評価し得る何の根拠も有り得ないだろう。また、良く言われるように、評議の過程については厳しい守秘義務が課せられており、「健全な」常識が述べられたのか、どんな民意が述べられたのかは、外部には全く分かり得ない。検察官の求刑どおり、或いはそれにほぼ近い判決がなされた、保護観察付執行猶予が多くなった、などがさも民意を反映しているかのように報じられる。それは単なる臆測である。仮にそれが民意の反映だとしても、「正しい」判断であると何故に評価し得ようか。事実認定は別として、量刑も、法律が定めた刑罰の上限・下限の中で、法律が想定した事態についていかなる選択をなすべきかという広い意味での法律解釈であり、適用の問題であって、闇雲に感覚的或いは感情的に選択されるべきものではない。裁判員裁判の判決について、控訴審はこれを尊重し、よくよくの場合でなければ破棄すべきではないというような見解が仮に通用するのであれば、民意の反映は裁判官にとって免罪符の役目を果たすことになるであろう。憲法七六条三項に違反する到底受け入れ難い見解である。

裁判に民意を反映させることは間違いなく感覚・感情の反映でしかなく、理性的存在であり、民主主義の衆愚化を抑止する砦としての司法にとっては危険なことである。諸外国に市民参加制度があることによって裁判に市民を参加させることが先進性の表れでもあるかのように思われているけれども、それは革命の熱気の中で生まれた落とし子とも言えるものであり、司法の本質に根差すものではない。司法という過去に発生した事実について証拠法則に基づいて事実について合理的疑いを超える存在との認定をすること、また前述のように広い意味の法律の解釈適用である量刑を適切に行うことは、何の訓練も受けていない素人の良く為し得ることではない。このことは、バイアスをかけないで見れば健全な常識ではあるまいか。

裁判員制度にかける夢は幻想

ダニエル・フット氏は、その著『名もない顔もない司法――日本の裁判は変わるのか』（NTT出版）において、この裁判員法には「明確で具体的な『立法事実』が存在せず」と述べている（二七六頁）。つまるところ、さしたる必要性もないのに作られたと言っているわけである。司法審における陪審推進論者とその反対論者との議論の中で突如妥協の産物として表れたこの制度であれば、立法事実（法創造の背景となる社会的・経済的事実）がないと評されるのはむしろ当然である。一方、同氏は、裁判員法には「多様な目的が多数ある」とも述べているが（二八〇頁）、それは間違いである。裁判への国民参加、陪審、参審制に強く或いは何となく憧憬を感じていた人々、或いは刑事裁判に鬱積した心情を抱いてそれに何らかの変化を望んでいる人々が、目的規定のないこの制度にそれぞれの夢を重ね合わせ、それを制度の目的の如く錯覚し美化してしまっている、要するに幻想を追っているだけである。

立法事実もなく忽然とあらわれたものに目的をどう掲げようか、私は、推進本部のメンバーが一番苦労したのはこの裁判員法第一条、つまり一丁目一番地にどんな看板を掲げようかということだったと推測する。そして結局、「目的」という大きな看板はかけられなかったのである。「この法律は刑事裁判に国民を参加させることによってその意識改革をし治安維持の強化訓練と国民教育を推進することを目的とする」と正直に書けば、それを国民に強制することとの違憲性が諸に表面化し、国会を通過させることは不可能との判断があったからだというのは勘ぐり過ぎであろうか。

本質を忘れた感想――結びにかえて

この裁判員制度、そしてその運用によって現出する結果的現象を評価するときには、当然のことながら正しい視座を持たなければならない。審理の迅速さ、口頭主義、直接主義、分かり易さ、そして素人の参加等々は、それ自体が目的であってはならない。裁判、特に刑事裁判は、国家権力が国民の生命、自由、財産の行方を左右する、それを国家以外のものがなせば明確な犯罪行為たる性質のものである（大久保太郎「裁判員裁判と裁判官の刑事責任」「週刊法律新聞」二〇〇九年一一月一三日一八三〇号）。国家は、憲法の基本的人権条項三〇か条のうち実に三分の一を刑事手続に関する国家権力の抑制条項として定め、かかる外形的犯罪行為をなすについて、その違法性を阻却するために、被告人たる者に科せられる刑罰は法律によって定めらるべきこと、厳密な証拠法則によるべきこと、自由の制限については厳格且つ公正な手続法則を遵守すること等を求めた。それ故に裁判は人知を尽くして誤りを排し、公平と正義に適うものでなければならない。

司法制度は、憲法秩序のもとで国家が、裁き人を介し個々の人間と対峙する場面である。そこには誤りは許されない。被告人を実験台にしてはならない。人間は過ちを犯す存在であるということは、歴史を振り返って弁解のように或いは贖罪的意味において言えることではあっても、将来に向かっては過ちは許されない。その意味で全て裁き人は、常に生命の危機にさらされている重症患者に立ち向かう執刀医、多数の乗客の生命を預かるパイロットの立場にある。全くの素人に教育目的で試みにメスや操縦桿を握らせるなどということはあってはならないことであろう。そして全ての裁き人は、憲法七六条三項に規定する真のプロフェッショナルでなければならない。

憲法七六条以下の司法に関する規定は、裁き人の資格、要件、心構えを規定する。それに合わない者は裁き人の立場に立つことは許されない。陪審制度を採用するアメリカ合衆国等連合国の影響を強く受けた現憲法に陪審・参審という用語が一つも見られないこと、それに関する国民の義務規定のないことは、陪審・参審経験国が裁き人に素人が入ることの問題性を認識していたか否かは別として、現憲法は裁判への素人の参加を排していたことの証左であると私は考える。

裁判員法については施行三年後の見直し規定がある。前述のとおり裁判員法は、素人たる国民を参加させること、それに必要な刑事訴訟手続の特則を定める全くの技術的規定であるから、見直しをするといっても、国民が集まらなかったらもっと集まりやすい方法は何か、審理上生じた不都合には必要な手当をしようという程度のことしかできない。裁判員裁判は何の意味もない、国費の無駄使いであるからやめようというような基本的検討は、この法律は予定していない。法務省の検討会で残間里江子委員が「制度が良くないという方向に仮に意見が行った場合、裁判員制度をなくすことは視野に入るか」と問うたのに対し、辻刑事法制管理官は「考えていない」と答えている。

しかし、大切なことは、真に国民に奉仕する、あるべき司法とは何かを確認し、現状はどうかをその視点から徹底的に検証し、その対策として何が適切なのかを原点に立ち返って検討すること、つまり「司法改革の改革」をなすことだと考える。司法審は、本来とるべき、かかる手順を怠った。もし怠っていなければ、新藤宗幸氏が二〇〇九年に著された『司法官僚——裁判所の権力者たち』(岩波新書)で指摘している最高裁事務総局機構の問題等が真っ先に取り上げられていたはずである。何ら具体的立法事実がなく妥協の産物として突然に制度化された裁判員制度が動き出して、前述のとおり法曹三者トップを含め、多くの人々は順調・円滑にいっているなどの感想を勝手に言いはするが、それはあるべき司法制度とは何の関係もない。裁判員制度の問題は現下の国民の生活、被告人の人権に直結するものであり、且つ、検察、弁護のパフォーマンス合戦、強力な組織集団である検察が被害者参加制度という強力な援軍を得て弁護側を圧倒している刑事裁判の危機を目の当たりにすれば、根本的検討を予定していない施行三年後の見直しなどを悠長に待つことはできない。

国会は、一旦裁判員制度の施行を速やかに停止し或いは制度を廃止し、司法改革の改革に着手すべきであると考える。前述のとおりさしたる必要性もないのに作られた制度であるから、それによって不幸を嘆く人々は一人もおらず、多くの人々は快哉を叫ぶに違いない。

6　裁判員制度見直しと日弁連の立場

裁判員法附則第九条は、施行三年経過後に、必要があればその制度が「我が国の司法制度の基盤としての役割を十全に果たすことができるよう、所要の措置を講ずるものとする」と定める。いわゆる三年後の見直し規定である。

日弁連は、裁判員本部内に三年後検討小委員会を設置し、単位会からの意見を踏まえた検討結果を「意見書」案としてまとめ、さらにそれに対する単位会の意見を徴している。

この意見書案は、裁判員制度が、司法制度の基盤としての役割を十全に果たすことができるようにという裁判員法附則の文言に従って制度の不都合な部分を改めようと企図するものである。その内容は、公判前整理手続関係規定の改訂、裁判員制度対象事件の拡大、公判手続二分論、裁判員等の心理的負担軽減措置の整備、被告人側の防御権保障等を検討事項とするものである。日弁連がそれらについて詳細な検討結果を明らかにしていることは、日弁連は制度の存続を前提としてその改訂は必要であるという方向にあることは間違いがない。

ところで、日弁連は、二〇〇〇年九月一二日、「国民の司法参加」に関する意見を司法制度改革審議会に提出した。そこでは、アメリカ型の陪審制度の採用を強く求め、「国民の司法参加制度には、長所もあれば短所もあります。……二一世紀を展望し、国民が自律した統治主体として参画していく社会にふさわしい司法参加の在り方は何か、それは陪審制度の導入しかないと考えます」と断言していた。

今回の意見は、もはや、その日弁連の金科玉条である陪審制度には見向きもしないで、ただ裁判員制度の延命策を提案しようとする姿勢としか見えない。しかし、それは果たして日弁連のとるべき態度であろうか。因みに、私は陪審制に賛成するものではないから、日弁連は陪審制に向かって前進せよというものではないことを断わっておく。

附則九条の文言は、一見すれば、改正の必要がなければ現行のまま継続するけれども、正すところがあるならば手を入れましょうと読める。しかし、どう手を入れたところで司法制度の基盤としての役割を果たせそうもないという検討結果になれば、この制度は止めにしても良いとも読める。刑事判決手続に素人を参加させるという戦後の刑事手続における大改革をしようとするときに、初めから、三年やって見て駄目なら廃止しても良いよ、とあからさまに規定することは立法府としてできる筈がない。だから、三年後見直し規定は、附則九条のような文言に落ち着く以外にはなかったのであろう。

そうであれば、当初陪審制度しかないと断言していた日弁連としては、端から不本意であった筈のこの裁判員制度について、前記のような姑息な延命策を検討するよりも、この際、制度の根本に立ち返って、つまり司法制度と国民参加、その参加強制の是非とその根拠という大命題について根本から検討を加えるべきではないであろうか。

この裁判員制度は、司法制度改革審議会における審議の最終段階において、陪審制推進論者とその反対派との妥協の産物として殆ど憲法論議を経ずに突如として現れたものであり、司法制度改革推進本部の法律案策定作業においても十分な検討がなされず、国会審議においては、日本の刑事司法制度の根幹に関わる極めて重大な法案であったにも拘らず、三か月弱のうちにほぼ全会一致で衆参両院を通過したものであることは明らかなことである。この国会の拙速審議を可能としたのは、在野の日弁連さえ賛成しているのだから問題がないと多くの議員が判断したからだと私は或る国会関係者から聞いたことがある。

その拙速審議の結果は何をもたらしたか。一度も施行されないうちに部分判決制度という、裁判員制度の根幹と考えられ、それ故に裁判員制度に賛成しようとする者を生んだ徹底した直接主義・口頭主義を根本から覆滅させるとんでもない制度を、改正案として盛り込むことになってしまった。

さらに、二〇一一年三月一一日の大震災により、被災地仙台地方裁判所では審理も終局に近づいていた裁判員裁判で裁判員全員を解任せざるを得ない事態に立ち至り、その後の裁判員選任のための調査・呼出しについて被災地の住民を対象から除外すべきか否かが問題となった。また、改めて全員を選任し直した裁判員の参加する公判手続について、更新手続の代替措置として弁護人の反対を押し切って、それまでの証拠調べ状況を録画したＤＶＤを証拠として採用し、新裁判員には一回も証人との接触の機会を与えないまま評議判決に至るという、日本の刑事裁判史上かつてなかった、憲法三一条（適正手続規定）に明確に違反するであろう手続きがとられたりすることになった。

立法者にして見れば、かかる天災地変による裁判の中断、裁判員全員解任などという事態は、正に想定外ということであったのであろうが、かかる問題の表面化は十分な審議を欠いたことによる法の欠陥によったものであることは間違いない。日弁連の前記検討に関する意見書には、このような問題についての検討過程は見出せない。

私ら仙台弁護士会の有志は、制度施行前の二〇〇八年二月、仙台弁護士会定期総会に「裁判員制度の施行を延期し国民的議論により抜本的再検討を行うことを求める決議案」を提出し、この制度の抱える根本的問題を提起した。その項目を列記すれば、①裁判員制度は国民の主体的参加と言えるものではないこと②被告人の制度選択権を否定していること③裁判員は装飾的存在になりかねないこと④評決にかかる問題⑤裁判員制度と控訴審⑥公判前整理手続の問題性と公判手続の形骸化⑦裁判員制度の数々の違憲性⑧部分判決制度等である。その問題点は、今なお依然として解消されてはいない。私は、そこで指摘された問題について、まず日弁連に対し、今回の見直し時期を契機として慎重な検討と全会員による真剣な討議を求めたい。

さらに、裁判員法第一条が規定する「国民の中から選任された裁判員が裁判官と共に刑事訴訟手続に関与することが司法に対する国民の理解の増進とその信頼の向上に資する」という制度の存立基盤に関わる仮説が、国民の共通の認識であり、社会科学的に正当なものであるのかどうかの検証がどうしても必要だと考える。もし、その仮説が何ら根拠のないものであれば、この制度を存続させる意味は消滅するからである。

裁判員経験者は、最高裁判所の調査結果（最高裁ホームページ掲載）によれば、裁判員としての参加について良い経験をしたなどという感想を多く寄せているが、それらは極めて個人的なものであり、それによって司法に対する国民の理解が増進したとか、司法に対し信頼感が増したと評し得るものではない。人生一度きりの珍しい体験をすれば、良い経験をした、貴重な体験だったと言うのはむしろ当たり前であって、そのこと自体は何ら前述の仮説の真実性の立証に役立つものではない。

検証においてデータの集積は必要であるとしても、ただやみくもにデータを集めれば良いというものではない。司法に対する国民の理解とは何か、司法に対する信頼の向上とは何かという定義それ自体を先ず確定させ、素人が裁判体の中に入ればそれらに貢献するとどうして言えるのかという厳密な理論的検討は欠かせないであろう。

私は、素人がプロの裁判官とともに裁判体の中に入れば、司法に対する国民の理解の増進、信頼の向上に資するなどということは単なるお題目に過ぎず、何ら科学的根拠のない、百年河清を待つに等しいもの、それは原子力発電についての「安全神話」に類することと考える。司法に対する国民の信頼は、先ず裁判官について言えば、公正・中立・独立性の保持は当然のこととして、適正手続を重んじ、優れた判断力による適正な判決と国民に対する十分な説得力を示すことによって得られるものである。最高裁判所のいわゆる三下り半判決などは許されるべきではない。さらに、裁判所という機構の抱える問題、特に最大の問題は最高裁判所の人事政策による裁判官統制の仕組みの改革、裁判官の市民的自由の保障、司法行政の民主的運営、判検交流の廃止、警察段階を含めた捜査段階における可視化の徹底、人質司法の解消などを実現することこそがその信頼への近道であり、王道というべきであると考える。

二〇一一年六月五日、NHK教育テレビは「暗黒のかなたの光明」というテーマで文明学者梅棹忠夫を特集していた。その中で梅棹と共に研究して来られた国立民族学博物館の小長谷有紀教授の次の言葉が強く印象に残った。

「文明というのは制度と装置ですけれども、制度と装置が一旦できたらその制度と装置が合わなくなっても中々壊れにくいですよね。そこに綻び、亀裂ができていることが分かっても、ががらしゃんと壊すのが難しいから、どうしても綻びのまま、だらだら行ってしまう。現代文明のそういう沢山の綻びが分かっているのに、それを政府だとか知事だとか、会社の社長さんとかというところに頼っていたら壊すことは出来ない。それらの人々はその制度を維持するためにやっていらっしゃるわけですから。原子力発電なんかも基本的にビジネスとして動いているので、だからどうしても無茶が通ってしまうわけですよね。皆が気がついているのにそこを抜け出せなくなってしまう。それから抜け出そうと思ったら、一人ひとりが主体者になって、梅棹忠夫が賭けていた『英知』の部分をですね、そこを目がけて知的生命体として幸せに生きることを追求しアマチュアの力で変えないといけない。それはそっちでしか変えられない。

好き勝手して生きて来た知的生命体としてそれはそれで全うしていいわけですけれども、それではその人々は次世代に対しては無責任ですよね。その人々には万全に自分の生を知的生命体として生き切っていない人々に累々とした営みを続けて貰うための責任がある。だから現代文明が破局まで行ってもいいやではなく、舵を切りなおすことを我々は我々の責任としてやるべきであると思う」

日弁連が、前述のように裁判員制度にしがみつき、これからもしがみついて行こうとする姿は、この政府、知事、会社の社長と同列、つまり制度制定者・権力者側にあることを示す。しかし、日弁連、弁護士というものは、そもそものような立場に立って良いのであろうか。基本的人権の擁護、社会正義を実現することを使命とする弁護士の団体は、この綻びを最初から抱えている、未だに多くの国民の支持の得られていない制度に対し、制度制定者とは明確に距離を置いて、一般市民、上記のアマチュアの立場で、主体的に「英知」を生かす知的生命体として明確に物を言い、舵を切りなおす責任があるのではあるまいか。「制度の原発事故」による被告人、国民の人権侵害を未然に防ぐために。それ故に、この裁判員制度見直しの議論は、むしろ日弁連の基本的有り方の見直しの議論に直結するものと考える。

第二章　裁判員制度を裁く——国民に対する強制性

1　裁判員制度の危険性――その底に流れるもの

はじめに

二〇〇四年（平成一六年）五月二八日に公布された裁判員の参加する刑事裁判に関する法律（法律六三号）いわゆる裁判員法は、二〇〇九年五月二一日から全面施行されることが政令で定められ、それによって全国二九万五〇三六人の国民に、二〇〇八年一一月末、通知書と調査票が送付されました。その調査票の送付を受けた人の一二万四九一一人が最高裁に何らかの回答をしたといわれます。

この制度については、法制定前から、憲法上の問題その他制度設計などについて疑問が寄せられ、法案に対しても反対意見が述べられており、また、法律が成立した以後は、学者、弁護士、元裁判官（元最高裁判事の団藤重光氏、香川保一氏を含む）、検察官、一般市民の方々からも、一冊の本として、或いは論文、エッセイ等の形で、種々の角度からの批判意見が次々に公にされました。

お集まりの皆様も、制度の内容については、これまで、最高裁判所、法務省、日弁連、マスコミ等の宣伝広告や記事、番組などによってお知りになっていることと思います。極めて大雑把に言えば、職業裁判官と一般市民が、重大刑事裁判に立ち会い、評決をし、判決を下すという仕組みであり、裁判員候補者は選挙人名簿からくじで選ばれ、さらにその候補者の中から事件毎に裁判所から選ばれて出頭を求められ、その中から裁判員と補充裁判員が選ばれる、召喚された候補者は原則として出頭を拒否できない、一方裁かれる立場の被告人も裁判員裁判を拒否できないという仕組みです。

その制度については、裁判員候補者の不出頭、裁判員としての公判期日への不出頭、宣誓拒否については一〇万円以下の過料という行政罰が予定されており、周知のように墓場までの守秘義務など、数多くの罰則付義務化が定められています。「裁かなければ裁かれる」とうまいことを言った弁護士がいます。その義務化についての非難の声は大きなものがあり、そのことを反対意見に結びつける者も数多くおります。

私のこの制度についての問題意識には、その義務化要素、つまり国民に対する強制性が最大のものであることは間違いがありません。

実は、私がこの制度はおかしいぞと気が付いたのは、恥ずかしい話ですが実は法律が出来て半年ほど経ってからのことでして、そのおかしいぞという点は、この一般国民を裁判員に罰則の脅しをかけて駆り出すということが第一の疑問でした。さらに法律の中味を見ていきますと、本来刑事裁判というのは犯罪の疑いをかけられた市民を手続的に保護することが本来の目的であるのに、国民を裁判に参加させることばかりに集中して、その原点が忘れ去られていることに気が付いたのです。法案の段階からその問題を小田中聰樹先生や大久保太郎さんらは既に指摘していたのに、私は余り関心を寄せず、気が付かなかったのです。正に遅まきながら気が付いたということですが。

問題は、何故遅まきながらだったのかということです。ここにこの問題の難しさが伏在していることを、弁解がましく、また反省を込めて述べさせて頂きます。

裁判員制度に反対する理由は人によって様々でして、仕事が忙しい、死刑を含む重大事件に関わる重要な判断をすることに自信がない、殺人など悲惨な事件の審理に関わるのは嫌だ、裁判が拙速になる、裁判員はお飾りに過ぎないなどから、人を裁くことについての思想・信条・信仰上の理由、憲法上の数多くの疑義などが理由として挙げられております。それら反対の理由はいずれも尤もなものばかりですが、私は、きょうは、推進派が推進の理由として常套句のように使う言葉の幾つかについて、それが真実なのかを吟味する形で、制度批判の理由を述べてみたいと思います。

先ほど「遅まきながら」が重要だと申し上げたのは、この制度推進派の人々の使う言葉が、耳に心地良い響き、その問題性を隠蔽する魔力を秘め、その問題性を気付きにくくしていると思うからです。

裁判員制度の成り立ちについて

推進派の推進の理由として挙げる言葉に魔力があると言いました。そのキーワードを幾つか並べれば、「国民の司法参加」「司法の民主化・民主主義の実質化」「市民の健全な常識の反映」「刑事司法改革の絶好のチャンス」「司法の国民的基盤の確立」ということでしょうか。何と耳当たりの良い言葉かは皆様も感じられると思います。そのどれもが否定しがたい重みを持っています。

「司法の民主化」は、日弁連が司法改革宣言を反復してきた中で繰り返し用いていることであり、「刑事司法改革の絶好のチャンス」というのは、この法律が出来てから、それまで陪審制こそが必要と叫び続けてきた日弁連筋が言い出したことです。そのほかの言葉は、司法制度改革審議会（以下「司法審」と言います）の意見書や審議の過程でも見られることです。この制度の成立経過は、国会でほぼ全会一致の賛成を得て成立したものですから、そのこと自体推進派の強力な根拠になっていることでもありますので、その成立過程をまず概観したいと思います。勿論、施行目前になって今さら成立のいきさつを聞いたところでどうにもならないと思われる方もいると思いますが、私に一番多く寄せられる質問は、いつ、どうして、こんな制度ができたのかというものでもあり、その成立過程には、公刊はされているのですが、一般の人の目には中々触れにくい、マスコミも殆ど報道しないエピソードなどもあり、そこからもこの制度の問題性が浮かび上がりますのでお話させていただきます。

裁判員制度が、司法制度改革審議会での陪審推進論者とその反対派との対立の解決のための妥協の産物であることは、多くの方によって言われている明白なことであります。二〇〇〇年（平成一二年）一一月二〇日に司法審から出された中間報告には裁判員という用語は見当らず、二〇〇一年（平成一三年）一月九日の第四三回審議会で松尾浩也東京大学名誉教授が、「参加した国民について仮に『裁判員』という言葉を使わせていただきます」と言って登場した用語を、その年の一月三〇日の第四五回審議会において、これからも名前が良く出てくる井上正仁委員が、（佐藤幸治会長、竹下守夫会長代理と三人で協議して作成したレジュメを引用した説明の中で）「参加する国民を表すのに『裁判員』というやや耳慣れない言葉を使っておりますけれども、これは陪審、参審という言葉を使いますと特定の国の制度とか、或いは皆さんがそれぞれ抱いておられるのではないかと思われる既成のイメージにとらわれて生産的な議論がしにくいのではないかと思いまして、便宜先日のヒアリングで松尾教授が使われた比較的ニュートラルな言葉を拝借した次第です」と述べたところで初めて使われたものです。これが裁判員誕生の瞬間と言えると思います。

二〇〇九年の三月までＮＨＫで「そのとき歴史が動いた」という帯番組がありました。この裁判員制度というのは、その善し悪しは別にして、日本の裁判制度上一大変革であります。そのような歴史上の一大変革が起きた日、即ち歴史が動いたそのときは、二〇〇一年一月三〇日ではないかと私は思います。

その歴史が動いた直後、ある法律雑誌の座談会でこんなやりとりがなされました。「審議会は陪審制や参審制の憲法論を棚上げしてしまっているように見える。……この制度には従来から憲法上の問題点が指摘されてきており、学界全体の論調としては違憲論の方が強かったという印象をもつ。憲法上何が問題となるかを理解した上で議論をしないと適切な議論ができないのではないか」（高橋和之東京大学教授）との誠に尤もな質問に対し、竹下守夫司法審会長代理は、「そこから入りますと、憲法論に終始して審議が具体的な制度設計の話に入っていけなくなるおそれがある。ある程度議論が進むところまで棚上げという格好になる」と答えております（『ジュリスト』No.一一九八、二〇〇一年四月一〇日、六二頁）。皆さんは、この制度が違憲のデパートと言われるほど種々の憲法問題を抱えていることはお聞きになっていることと思いますが、司法審は、その竹下発言後、特に突っ込んだ議論をせずに最終答申に及んだことを思いますと、ともかく制度を作ることが先決で、作れば憲法問題など何とでもなるという認識が明らかだったと言えます。特に最高裁を巻き込めばこちらのものという思いもあったのではないでしょうか。

司法審は、二〇〇一年（平成一三年）六月一二日、最終意見書を内閣総理大臣に提出し、同年七月二六日解散しました。その意見書の中の「国民的基盤の確立（国民の司法参加）」の項には、「具体的な制度設計においては、憲法（第六章　司法に関する規定、裁判を受ける権利、公平な裁判所の迅速な公開裁判を受ける権利、適正手続の保障など）の趣旨を十分に踏まえ、これに適合したものとしなければならないことは言うまでもない。」と記してはいますが、審議会自体の憲法問題の指摘や検討の経緯は全く記されておりません。なぜか、憲法一三条（幸福追求権）、一八条（苦役の禁止）、一九条（思想良心の自由）、二〇条（信教の自由）、二二条（職業選択の自由）などは全て「など」で片付けられています。それでいて「裁判所から召喚を受けた裁判員候補者は、裁判員選任の実効性を確保するためには、出頭義務を負うこととすべきである」とか「新たな参加制度は、個々の被告人のためというよりは、国民一般にとって、あるいは裁判制度として重要な意義を有するが故に導入するものである以上、訴訟の一方当事者である被告人が裁判員の参加した裁判体による裁判を受けることを辞退して裁判官のみによる裁判を選択することは認めないこととすべきである」という制度設計の重大な指針を示しながら、全くその設計の憲法適合性には触れていないのであります。

この司法審の報告を受けて、二〇〇一年一一月一六日、司法制度改革推進法が成立し、司法制度改革推進本部が組織されました。そこで裁判員制度の具体的制度設計、法案化を担当したのは、委員一一名からなる裁判員制度・刑事検討会であります。その部会長は司法審のメンバーであった前述の井上正仁東大教授であり、その他制度成立後新聞紙上やテレビに引っ張りだこの四宮啓弁護士（国学院大学法科大学院教授）、池田修東京地裁所長、平良木登規男慶応大学教授、共同通信論説委員の土屋美明氏らが名前を連ねておりました。また、推進本部の事務局長は、山崎潮という仙台地裁にもいたことがある裁判官です。

ここで法案化された裁判員法は、二〇〇四年（平成一六年）三月、政府から国会に提出され、同月一六日、野沢太三法務大臣によって衆議院本会議で趣旨説明が行われ、公述人の公述を受けたのち、同年四月二三日、一部修正のうえ満場一致で可決され参議院に送られ、同年五月二一日、参議院本会議で賛成多数で可決されました。衆議院本会議での趣旨説明から何と二か月余のスピード成立です。全会派一致ではありますが、全会一致ではなく、参議院無所属議員二人の反対がありました。反対したのは元自民党議員の椎名素夫氏、もう一人は元社民党副党首だった山本正和氏ですが、お二人はその後政界を引退され、椎名さんは故人になられました。お二人の反対理由は聞けませんでしたが、この二人の反対者がいたということは、我が国民主主義にとってはささやかな救いのような気がします。

この参議院の審議の過程で、野沢法務大臣はこんなことを述べています。「この裁判員制度の導入によりまして、国民に刑事裁判の過程に直接参加していただくことは、裁判員を経験した方々に社会秩序や治安あるいは犯罪の被害や人格といった問題について自分たちにもかかわりのある問題としてお考えいただく契機にもなるものと考えておりまして、その意味で大変意義のある制度ですが、私はこの制度が実効ある形で動き出しますと、ある意味で、日本の社会の遵法精神といいますか、そういった意味でのバックボーンになるんじゃないかなと、こう思うわけでございます。そう急には目立たないけれども、本当に日本が法によって秩序を維持し、住みやすく、また明るい社会に変わっていく大きなきっかけと考えておりま」すと（一五九回

国会　参議院法務委員会会議録、六頁)。これは、はしなくもというか、この裁判員法の、国民の司法参加という衣の下の鎧が透けて見える発言ではないでしょうか。

先程、申し上げた山崎潮推進本部事務局長は、その後千葉地方裁判所の所長に栄転いたしましたが、その後間もなく現職で亡くなられました。彼は、生前、「司法制度改革の成果を振り返る」という座談会においてこんなことを言っています。「この問題は制度が変わるのではない。日本の文化が変わるのだと何回も申し上げて来ました。文化が変わるというのは、国民の果たす役割がどうあるべきかが問われるということです。従来は、司法はプロに任せておくもので自分たちのものでないという発想がありました。しかし、現在の社会を考えると基本的にはプロに委ねるけれども、本当にそれだけで社会秩序や治安とか自分たちの安全を守れるのかと考えたら、なかなかプロだけでは守るのが難しい時代になってきているのは事実です。国民もみずから参画して社会を守っていくのだという意味で意識改革をしていただきたいということです。それを国民に問うものなのです」と述べています。この点は先ほどの野沢法務大臣の発言と全く同旨です。さらに彼は、制度成立に向けての大きな問題として、「これだけ重要な問題だから、一国会ではなくて二国会、三国会でゆっくり審議しようという声です。そうなると、どこまで行ってもさまざまな点で価値観がばらばらでしたからなかなか収束しないことになりまして、下手をすると頓挫してしまうというおそれがありました。一国会できちんと承認してもらうということが私の最大のテーマでした。……とにかく制度が生まれることが重要であるという姿勢で強い意思を持ってやらせていただきました。国会の方でもご理解いただきまして本当によかったと思っています」（『法律のひろば』二〇〇五年六月号、五八巻№六、六一頁）と述懐しています。その後、裁判員制度と治安維持の関係については、松尾邦弘元検事総長、樋渡利秋現検事総長も同じようなことを繰り返し述べています。樋渡検事総長は司法審の事務局長を務めた人です。これらの言葉だけでも、裁判員制度が何を目指しているかはもはや明らかだと言えるのではないでしょうか。つまり、国民に対する治安維持の強化訓練ということなのです。また、山崎氏らに催促・説得されて正に拙速で国会を通過させたために、一度も施行されないうちに、国会は、区分審理・部分判決制度という世界に類例のない珍妙な制度を付加する羽目になってしまいました。それは、直接主義・口頭主義という裁判員制度のうたい文句を自ら否定する制度自壊の制度です。

国民の司法参加について

裁判員制度のキーワードの一つは、この国民の司法参加ということです。司法審は、「司法への国民の主体的参加を得て司法の国民的基盤をより強固なものとするため」と表現しながら、先ほど述べましたように「裁判所から召喚を受けた裁判員候補者は出頭義務を負うこととすべきである」と述べています。主体的ということは、日本語としては自主的ということと殆ど同義語であります。制度推進論者には、裁判員となることを義務と考えないで権利と考えて欲しいという人がいます。詭弁という日本語があります。私は、その論法は子供にその詭弁という言葉の意味を教える格好の例だと思います。裁判員にならなかったら一〇万円以下の過料だよ、裁判員になって公判期日に出頭しなかったらまた過料だよと脅しをかけられて裁判員にならされるということは、どう考えたって義務化であり、強制でしかありません。それが国民の権利だとか、権利と思って欲しいなどというのは、白を黒と言い、或いは白を黒と思って欲しいということです。参加ということは、それ自体は任意性を前提にしています。それが、真実は義務であり強制だということは、太平洋戦争中まで行われた徴用、徴兵でありますが、裁判員法上、裁判員となることは徴用そのものであって、参加というのは全くのまやかしです。

また、国民の参加と言いますが、その言葉だけを見ると何やら国民の代表的印象を与えますが（現に六名の裁判員を国民の代表だと言っている人もいます）、この制度の建前は、衆議院議員の選挙権を有する者の中から原則抽選で無作為に選ぶものですから、国民の代表でも何でもない、一素人を参加させることであり、裁判への素人参加ということが正しいのです。裁判員制度は、英語では lay judge system（素人裁判官制度）と訳されています。

ですから、司法への国民参加の是非、国民の参加は良いことかどうかを論じるときには、少なくともこの裁判員制度に関連して論じようとするときには、国民の中から素人を無理矢理裁判に引き摺り出すことだ、それでも良いのか、何故そのようなことが必要なのかという議論のたて方をしなければ、正しい議論はできません。

国民参加というと直ぐに言われるのは、G8の中で陪審とか参審という司法への一般国民の参加制度のないのは日本だけだという主張です。事実上はそのとおりですが、制度としてないというのは正確ではありません。我が国にも陪審法という法律は現存しているからです。ただ、停止つまり眠っているだけです。裁判所法三条三項には、「この法律の規定は、刑事について、別に法律で陪審の制度を設けることを妨げない」と規定しています。この陪審の制度が停止中の陪審法の定める制度と同じものを考えていたのかどうかは定かではありませんが、念頭になかった訳ではないと思われます。

外国にあるから我が国にもということには当然にはならないでしょう。陪審も参審も、それぞれの国の歴史や文化、国民性に支えられて、生まれ、行われて来ているものだからです。参審制は、主にフランス、ドイツ、イタリアなど大陸法系の国で採用されていますが、元はイギリスの陪審制からスタートしたものです。国民の司法参加の典型は、何と言ってもアメリカで行われている陪審制でしょう。我が国には熱烈な陪審制推進論者がいますが、その目指しているものはこのアメリカ型だと思われます。しかし、その陪審制については、ジェローム・フランクの『裁かれる裁判所』という著書などにより痛烈に批判されており、先ごろアメリカに研修に行った法務省関係者がアメリカ人に「日本でも陪審員制度のような新制度を導入する」と話すと、一人の例外もなく全員が「どうしてそんなバカなことを」と驚いた、「既に陪審員制度の限界は明らかになっている。それがこちらの常識。今からでも遅くない、止めた方がいい」と言ったといいます（「福岡県民新聞」二〇〇八年五月）。

司法審は、審議の過程で海外調査を行っています。アメリカにおける調査で、バージニア州東部地区連邦地方裁判所T・Sエリス判事は、「米国のような不均質な社会において陪審制度は極めて有用であるが、均質性の高い社会において敢えてコストの高い陪審制度を導入する必要性は乏しいように思う」と述べ、イギリス・バリスタ協会の方々は、「多民族国家の英国において少数民族に属する者を保護するなどの見地から、適正に社会の構成を反映し得る陪審による裁判は、社会の団結を維持・強化する上で有益である（裁判官は多くの場合、中流階級出身の白人の男性であるが、陪審は階級に関わりなく多種多様な人種・性別の中から無作為に抽出される）」と述べています。

一般市民が裁判に直接関わる制度を採用している国がその参加の意義をどう捉えているかというと、揃って、司法が良くなるとか、冤罪が少なくなるとか、刑事司法手続が適正になるとかということではなく、このような人種間差別、階級差別感の排除という高度な政策的配慮の観点から評価しているものであることは記憶されて良いことと思います。

イギリスでは陪審対象事件の範囲は次第に狭められて来ており、いずれ殆ど利用されなくなるのではないかと予測している日本の学者もいます（棒剛「イギリスにおける陪審制批判の系譜」『刑事司法への市民参加』一六八頁）。

今は陪審国の話をしましたが、陪審制の変型である参審制の模範国ドイツの調査結果では、参審裁判でも職業裁判官の判断でも同じ結論だという見解が示されており、兼子一教授が紹介しているW・キッシュの法曹裁判官と素人裁判官との長短に関する説明において、キッシュは、「素人裁判官か職業裁判官かの問題については、すべての時代・情勢に普遍妥当性をもった無条件に確実な回答は有り得ない。吾人の見解では、職業法律家の裁判は（適当な人の養成と選択とを前提とすれば）、より優れた平均的な素質を備えたものといえる。ただ素人の協力は実質的な改善ではないとしても、国民の裁判に対する信頼を増すことに役立つのである。但し、この高い利益も、いい加減な素質低下の犠牲を払ってまで購わるべきほどのものではない」と述べています。最近発刊された本で『ニッポンの岐路裁判員制度』（伊東乾）という本があります。著者は音楽家で東京大学大学院情報詩学研究室准教授ですが、「アメリカの民主主義、陪審裁判は心情に左右されやすく、偏見のために差別を永続化させる役割を担ってきたもの、はっきり書けば問題山積の『遅れた裁判方式』の一つです」と記しています。遅れたか進んでいるかは評価できませんが、良い制度だと推奨できるものではないと私は思います。

要するに、国民の司法への参加と言っても、それは事実認定の精度を増すこと、適正手続の確保に貢献するという司法の質の向上に有益であるからというものではないということなのです。

これまでの裁判員制度の議論では、職業裁判官と素人裁判官である裁判員とが協働すればよりよい裁判が出来る、いわば三人寄れば文殊の知恵式感覚で受け止められて来ているように思われますが、国民参加先進各国での裁判への素人関与の評価はそのようなものではないのです。

国民の司法への参加は司法の民主化であり民主主義の実質化であるということについて

国家の権力機構の中にくじで無作為に選ばれた国民を無理にでも参加させるとその権力機構は国民的基盤が確実になり且つ民主主義的なものになるという論理が正しければ、自衛隊に一般人を無理にでも参加させたら自衛隊は民主的なものとなり国民的基盤が確立する、徴兵制は民主的なものであるという論理になりましょう。しかし、先ほども言いましたが、さすがに司法審はそのような論法は表向きとっていません。司法審は、「司法への国民の参加を得て」と言っているのではなく「国民の主体的参加を得て」と断っている、ところが、他方、裁判所から召喚を受けた裁判員候補者は出頭義務を負うこととすべきであると言っている、この矛盾をどう理解したらよいのでしょうか。主体的参加でなければ国民的な基盤が確立しないと言っておきながら、その主体性を除去してしまうのです。先ほどの例のとおり、自衛隊に国民を徴用・徴兵すれば自衛隊は国民的基盤が確保される、徴兵制は民主的だという論理と変わりがなくなってしまいます。そうであれば、はじめから主体的参加などとまやかし言葉は使うべきではないのです。何でもかんでも国民を裁く立場に立たせたい、ただそれだけの目的のために耳当たりの良い言葉を使ったとしか考えられません。そうであれば、この制度は権力による国民に対する義務付けに過ぎず、到底民主的なものとは言えません。

　本来民主主義というのは、国家の合目的的、つまり将来に向けての意思決定を国民の意思・希望にかからせることを本質とするものでありまして、司法の役割である過去に発生した事実に関するその事実認定、法令適用の正当性の判断作用というものは、そのような民主主義の原理にはそぐわないものです。

　国際連合憲章第一四章に国際司法裁判所に関する規定があります。そしてその憲章と不可分のものとして国際司法裁判所規程が定められ、その第二条に「裁判所は、徳望が高く、且つ、各自の国で最高の司法官に任ぜられるのに必要な資格を有する者又は国際法に有能の名のある法律家のうちから、国籍のいかんを問わず、選挙される独立の裁判官団で構成する」と定められています。その選挙の仕組みは実に複雑でありますが、国際裁判所の裁判官だから、関係国内の選挙を経たものでなければならないなどとはなっていません。

　国際紛争の解決機関だからということではなく、ここには裁判所の構成についての一つの到達点を見ます。そこには陪審も参審もありません。しかし、そのような資格と能力を兼ね備えて選挙された裁判官団には、その裁判所に委ねられた国際紛争の公権的解決権が委ねられているのです。徳望が高く、最高の司法官に任ぜられる資格を有し、または有能な国際法法律家という要件は、裁判という国内の公権的紛争解決機関に任ぜられる裁判官としての一つの理想型を示しています。

勿論、各国にはそれぞれ人種問題やら司法部の腐敗、不公正などの事情があり、それぞれの国ではそれに見合った政策に基づいて司法制度を構築する必要がありましょうから、いつでもどこでもこの国際司法裁判所の構成のようなものが、仮に理想だとしてもそうでなければならないとは言えません。と同時に、裁判について何の訓練も受けていない者が裁判体を構成し或いは参加することが当然であるとか、好ましいことであるとか、必要だということにはならないということです。その裁判体のあるべき姿は、立法、行政の指導原理である民主主義から導き出されるものではなく、真実にせまる能力が高く、法的に正しい判断を下せるか、そしていかなる圧力にも屈せず独立して勇気を持って判断できるか、我が国の問題としてより明確に言うならば、市民の基本的人権擁護という憲法的正義の実現に資する能力と強い意思を有するかという立場から裁判を担当する者は選ばれるべきであり、養成されるべきであります。残念ながら、我が国の現在の裁判官制度がそのようなものになっているとは思いません。そのための司法制度改革は絶対に必要です。我々主権者は、その代表として選んだ者に委ねるのは、司法部に公正且つ的確にかかる人材を送り、且つ育てる制度の確立と運用なのだと思います。仮に一般素人の裁判体への参加を認めるとしても、民主主義という政治の指導原理から、或いは玄人は駄目だから素人でというような短絡的発想からその制度を導き出すのではなく、国民の間にそれを求める必然性、それを採用しなければ国民の人権、被告人の人権は守られないという、例えば裁判官の汚職の横行による不公正な裁判の多発、それを止められない政治の腐敗、貧困など、政治的、社会的状況の存在が最低限度の要件となりましょう。私は、我が国の司法部には多くの問題がありますが、そこまでの状況にあるとは思いません。

民主主義国家における一般市民が主権者であるとはどういうことかを考えました。国家という大きな組織体には権力は絶対に必要です。かつてはその権力は国王、皇帝またはそれを取り巻く少数者の手に握られていました。裁判権も同様です。その後、人類は数々の歴史的試練を得て民主主義という政治理念に辿りつき、治者と被治者との同一性という観念を得ました。しかし、古代ギリシャの世界は別として、殆どの近代的民主主義国家の主権者である国民は、その権力を担当させるに足る者を選定し、これを監視し、罷免することができ、且つその国家権力による福利の平等な還元を要求し得る存在としてあるものです。その権力を担当させている者を私たちは憲法一五条で公務員と呼んでいます。その公務員について憲法一五条は何と定めているでしょうか。「すべて公務員は全体の奉仕者であって一部の奉仕者ではない」と定めています。私が若い頃には良く「公僕」という言葉がはやりました。権力を持つ立場に立つ者は、主権者たる国民との関係では僕になることなのであって、主権者としての立場に立つものではないのです。日本国憲法前文に「そもそも国政は、国民の厳粛な信託によるものであって、その権威は国民に由来し、その権力は国民の代表者がこれを行使し、その福利は国民がこれを享受する。これは人類普遍の原理であり、この憲法はかかる原理に基づくものである」と定めています。

私が今述べたことは正にそのことでありまして、国民が裁判員となることは、この公務員になることであり、公僕の地位に無理矢理引き摺り出されることであって、主権者としての地位に立つものではないのです。最高裁の広報パンフレットには、裁判員は非常勤の裁判所職員であると明記しています。国家公務員法第二条で、「裁判官及びその他の裁判所職員」は特別職国家公務員であると定めています。

ですから、この裁判員制度は、民主主義から当然に導かれるものではないばかりか、何度世論調査をしても批判意見が八〇%を超えるなどの点からしても、とても民主主義とは相容れないものだと私は考えます。

ところで、陪審制を民主主義の成果のように考える立場もあり、そのような意見は結構多いと思いますが、私は、それは歴史の流れとして、その勢いから生まれたものであり、その他前述の理由からそうは考えないばかりか、陪審、つまり陪審員が有罪・無罪の判断のみを答申するという仕組みは、その理由を示さないことが権力機関の国民に対する説明責任を果たさない点でとても民主的なものとは言えないのではないかと、余り指摘されないことですが疑問に思っています。裁判所の判断というものは、単なる関係当事者に対する説明ではなく、国民全体に対する説明だと考えるからです。

市民の健全な社会常識の反映ということについて

日弁連発行冊子の冒頭の言葉に「市民の司法参加は、司法に健全な社会常識を反映させ、民主主義をより実質化するものであり、これによって、司法に対する理解が深まり、信頼が高まることが期待されています」とあります。その冊子の表紙には「裁判にあなたの常識が必要とされています」と書き添えられています。また、「国民のみなさんが裁判に参加することによって法律の専門家ではない人たちの感覚が裁判の内容に反映されることになります」というのは、最高裁、法務省、日弁連三者連名の冊子の冒頭の言葉です。その冊子の表紙には「私の視点、私の感覚、私の言葉で参加します」と記されています。これは懸賞第一位当選の標語です。

司法審が最終意見書を出してそう間がないころ、先ほど述べた司法制度改革推進本部が出来る前に、この井上正仁司法審委員や山室恵東京地方裁判所判事らが、その最終意見書中の国民の司法参加について議論しています（『ジュリスト』№一二〇八、二〇〇一年九月一五日、一一六頁以下）。その中に興味ある発言が見られます。井上氏は「私の理解する限りでは、現在の職業裁判官による裁判が、誤りが多いとか、質の悪いものであるということではなく、むしろ、全体としては良質な裁判を行ってきている」と言っています。この点は裁判員制度・刑事法検討会メンバーであった池田修東京地裁所長も別のところで同じことを言っています（『法律のひろば』二〇〇四年、九月号、三二頁）。井上氏はさらに続けます。「しかし、あまりにもプロだけの世界になり過ぎているので、そこに社会の健全な常識をより反映させる、これも裁判官に常識がないと言っているわけではなくて、より幅広く、いろんなバックグラウンドの人が、いろんな見方を反映させることによって、裁判がよりよいものになっていくのではないか。そういう期待に基づいて、こういう提案をしたわけです」と述べています（一三五頁）。そんな雲を掴むような期待の実現に一般国民が罰則付きで引っ張り出されなければならない必要性があるのか、それが国民の幸福追求権を犠牲にさせることを正当化させるほどの公共の福祉性があると言えるものなのかと反論したくなるところですが、それはさておいて、その見解は、国民を裁判官の持ち合わせない健全な常識の持ち主のように一般化しているように思います。しかし、出来上がった裁判員法では、呼び出した裁判員候補者について、検察官及び被告人は理由を示さないでそれぞれ四人（裁判員が四人のときは三人）まで不選任の請求ができる（補充裁判員についても可能）ことになっています（いわゆる専断的忌避）。また、不公平な裁判をするおそれがある者の存在を当然の前提とし、また選ばれた裁判員が「公判廷において裁判長が命じた事項に従わず、又は暴言その他の不穏当な言動をすることによって公判手続の進行を妨げる者は解任できる」と定め、そのような者の存在も前提としています。裁判員候補者或いは裁判員として選ばれた者が健全な常識の持ち主だなどということは、法は全く考えていないというより、頭から疑ってかかっているのです。

また、同じ議論の中で山室裁判官は、「ある程度以上複雑な事件になると自由心証主義ではなくて『自由印象主義』になってしまいます。法廷だけの印象で最終的な判断をするというのは裁判官として堪えられないのです」とも述べています。

前に述べましたように、陪参審制度を採用している国がその制度を維持している理由として市民の健全な常識を裁判に反映させることができるからと言っているところは、私の目に触れるところでは一ヶ所もないのです。国民の司法参加の理由は、人種対策等の政策的な配慮、それから長い歴史的経緯によって一つの司法文化となっていることによるものであり、この健全な常識の反映論というのは、私には一種の空想論にしか思えません。

このように言うと、お前は一般市民が良識を持っていないというのかと問われそうです。事実、私ら仲間の弁護士が共同で二〇〇七年二月仙台弁護士会の定期総会に「裁判員制度についてその廃止を含む抜本的再検討を求める決議」案を提出し、審議された際、某会員から同内容の質問を受けました。私はそのとき答弁に立ち、一般市民が全て良識を持っているとは考えないと答えたことを覚えています。

一般市民の中には、人間として裁判官以上の優れた良識を持ち、数々の尊い人生体験を有している人が数多くいることは事実ですし、そのような人々が主体的にその人生体験を披瀝することを相当とする裁判に参加し、意見を述べてくれれば、裁判の質が向上することは間違いがないと思います。そのようなことが制度的に常に保証されるものならば好ましいことです。しかし、現実にそれを実現することは困難です。

また、仮に優秀な人が裁判員になったとします。映画「一二人の怒れる男」のヘンリー・フォンダ演ずる男性のような人が裁判員になったとします。これはいろいろのご意見があるかも知れませんが、人間とは失敗を経験し、それを反省し、それによる教育効果により徐々に向上するものです。その映画は飽くまでドラマであり、ヒーローを描かなければなりません。そのようなヒーローは別として、一般人はどれほど優れた人格識見の持ち主であったとしても、非日常的な裁判において、生まれて初めて裁く立場に立ったとき、証拠をどう判断するか、伝聞証拠の信用性をどう捉えるか、合理的疑いを超えるとはどういうものなのか、量刑の幅が広い法規の中で何を相当とするかを判断することは容易なことではありません。まして、それが一人の生死、人生を決めることに関わるものであり、過ちの許されないものだったら尚のことです。仮にそれらについて自分の見解をまとめることができたところで、それをどう表現し、反論にどう答えることができるかは、とてもおぼつかないものになるでしょう。そして決せられたことについて、日々あれで良かったのか、あのときああ言えば良かった、今から考えればこう判断すべきだったと苦悶することになることは明らかだと思います。何事にも良心的であり、誠実な人であるほど、逆説的な言い方をすれば、裁判員としての適格のある人であればあるほど、そのような状態になるでしょう。

また、一方、裁判員参加の裁判では、裁判員は判決には名前を出しません。裁判員自身が一緒の法廷に立つ裁判員の名前さえ職務上知り得た秘密として明らかにできません。裁判員は、その裁判においては符合で表示され、飽くまでも黒子であります。裁判員法の秘密主義からすれば、裁判員には能面かカーニバルの仮面でも着けさせたいぐらいでしょう。また、判決書には裁判官のみが署名することとなることからすれば、職務に誇りを持ち、責任感旺盛な裁判官であればあるほど、裁判員を裁判官の意見に誘導し、説得することになりましょう。推進本部の裁判員制度・刑事検討会の委員である平良木登喜男教授は、ある法律雑誌の中で、「参審員(裁判員もその一種です)は職業裁判官のコントロール下にあり、どのような裁判結果になるかは職業裁判官の説得の努力いかんによる」と明言しています(『法曹時報』五三巻二号、二〇〇一年二月一日発行「参審制度導入のいくつかの問題点(下)」一頁)。これは、裁判員がお飾りに過ぎないことを自白しているようなものであって、語るに落ちるとは正にこのことでありますが、先ほどの裁判官の責任ある立場上は、その説得・誘導は不可避であり、平良木教授は実に率直に真実を述べているということなのです。

裁判員法一条が定める裁判員の刑事訴訟手続への関与が「司法に対する国民の理解の増進とその信頼の向上に資する」というのは、裁判員が参加することによって冤罪が少なくなったり、適正手続が実現したりすることによってではなく、プロの裁判官が日頃いかに信頼の置ける仕事をしているか、正しい判断をしているかを国民に裁判官席に座り評議に参加して直に見てもらうことによって達成されるということなのです。元仙台高等裁判所長官であり、帝京大学教授になられ、先日亡くなった佐藤文哉氏は、司法審最終意見書に対する評価の中で、「私自身を含め多くの裁判官も、昔から言われている「世間知らず」の弊に陥らないよう懸命の努力をしてきたが、私の経験からみる限り、現在の裁判が裁判員制度の導入を必要とするほど市民感覚からかけ離れているとは思われない。今回最終意見が参審制度に近い裁判員制度を提言したということは、とりもなおさず、基本的には現在の職業裁判官を核として素人裁判官の加わるメリットを採り入れればよいとの判断に至っているとみてよいであろう。そして、裁判員制度が実現し、裁判員が裁判所の中に入って来て、裁判官の市民感覚や仕事振りを見てもらえば、現在の裁判に不信を抱く人の見方も変わって行くことが期待できる」と述べています（『ジュリスト』№一二〇八、二〇〇一年、九月一五日、一五三頁）。

私の意見は決して見当はずれではないのです。ですから、私は、裁判への一般市民の健全な社会常識の反映は幻想であり、そのことを強調する制度推進論者は夢を見ているのではないかと思うのです。

皆さんは既にご存知のとおり、裁判員の参加した判決に対しては検察官も被告人も控訴ができますし、その控訴審は職業裁判官だけで構成されます。一審判決は一般市民が参加した結果のものだから、よくよくの場合以外は原判決を控訴審は破棄すべきではないというような意見もあるようですが、憲法七六条三項（裁判官の独立）からして無謀な意見というべきでしょう。控訴審の在り方については今回の裁判員制度制定において何ら手を付けられなかったということは、今回の裁判員参加の意図が、その健全な常識の反映などは、言葉としては司法審意見書などには出ていても単なるレトリック、美辞麗句の類であって、真実性を欠くものであることからすれば、至極当然のことなのです。

余談ですが、一般市民を裁判に参加させる場合、常に困難な問題として存在するのは、上訴を認めるか否か、上訴審制度をどう構成するかということです。

州によって異なるかも知れませんが、アメリカでは陪審員の無罪答申に対して上訴は認められません。フランスでも一時そのような仕組みであったそうです。フランスは現在陪審という名の参審制ですが、その上訴制度についてはそのような上訴を認めないことへの批判から上訴を認めるようになったとのことです。但し、我が国のような上級審への上訴ではなく、循環的控訴と言われるもので、第一次重罪院の構成は職業裁判官三名、陪審員九名、第二次重罪院の構成は職業裁判官三名と陪審員一二名であって、第二次重罪院の控訴事件は事実認定も一からやり直すという仕組みのようです。つまり、慎重な裁判を重ねるということです。

ここまで工夫して複雑な国民参加型控訴審制度を検討しているというのは、司法への国民参加が歴史的に強固な伝統となり、国民の裁判に対する意識が我が国の感覚とは根本的に異なるからではないかと思われます。それが司法制度として望ましいか否かは別のことです。

先日発刊された本に『なりたくない人のための裁判員入門』（幻冬舎新書）という本があります。私は、とても参考になる優れた著作だと思いますが、著者の伊藤真氏はその中で「市民の裁判への参加は、国家権力の側がやむを得ないものとして渋々ながら受け入れているという感覚なのだと思う」と書いていますが、このフランスの控訴審制度の工夫の跡を見ますと、さもありなんと思わされます。

今回の裁判員制度設計上これまでの控訴審とその在り方に何らの変化ももたらせなかったということは、やはり一般市民の健全な常識導入ということが単なるお題目であって、初めから目的とされてはいなかったものであることを図らずも明らかにしていると思います。

おわりに

これまで、裁判員制度が司法審内の議論の中で妥協の産物として司法への国民参加による国民的基盤の確立という名目でスタートしたこと、そこには現在刑事司法が抱える深刻な問題についての認識はなく、むしろ現在の裁判は敢えて裁判員制度のようなものを導入しなくても健全に機能しているとの認識のもとで、ともかく陽の目を見させたいという官僚の涙ぐましい努力とその名目の耳当たりの良いことから、日本の裁判制度の大変革でありながら国会であっという間にほぼ全会一致で法律になってしまったこと、法律案上程当初から治安維持についての国民の責任が目論まれていたこと、その制度の推進派が並べる言葉、国民の司法参加、裁判への健全な社会常識の反映、司法の民主化と民主主義の実質化という言葉は、実は参加は徴用であり、健全な社会常識の反映は幻想であり、司法の民主化・民主主義の実質化は、実は極めて非民主的なものであることを述べて来ました。

そのほか、推進派は、調書裁判を脱して直接主義・口頭主義の実現とか、裁判の迅速化などというキーワードを挙げておりますが、それらについては多くの人々が強い批判意見を述べており、いずれも国民が参加しなければ実現できないものではないので今回は触れないことにいたします。

何度も申し上げますが、この裁判員制度は日本の裁判制度の大変革であります。そうでありながら、その推進の根拠として強調されていることは、これまで申し述べたとおり真実からはほど遠いものであり、国民の生活を犠牲にしてまで実施しなければならない根拠の見当たらないものばかりです。

そもそも、裁判制度の変革をしようとするときには、それが手直し程度のものであるとしても、その変革を求める確実な根拠が必要です。まして、このような大変革であり、国民に対し重大な負担を強いるものであるならば、私が先に批判したような虚偽・詭弁ではない、国民の誰もが納得できる根拠が必要です。その論拠としては、先ほども申し上げましたが、現在の裁判が一般市民即ち素人を無理にでも参加させなければならないほど破綻していて、一般市民を徴用すればそれは飛躍的に良くなることの説明が必要です。また、そのような司法制度は、現在の憲法は予定していませんから、憲法改正手続を経る必要があります。

国政を司る国会議員は国民から選挙で選任され、内閣総理大臣もその国会議員によって選任されるから国民的基盤があるのに対し、司法では最高裁判所裁判官国民審査しかない。つまり国民の意思からは遠いところにある。これは非民主的であるから国民を参加させるのだというような意見を述べる人がいます。そうであれば、裁判官を国会議員のように国民の直接選挙で選ぶのが良いのかという議論になりましょう。アメリカの州の中にはそのような選挙制をとっているところがあると聞きます。そのようなことになったら、裁判官は人気取り的発言をし、また、その裁判は国民受けのするものばかりになり、とても良心に従った独立の判断などは期待できなくなるでしょう。裁判というものは往々にして非常識と評される本質を有します。

現在の下級審裁判官は、最高裁判所の指名した者の名簿に基づいて内閣が任命することとされています。憲法は司法権の独立と任命に関する民意との折衷的制度としてこのような任命形式を考えました。民主主義というのは多くのフィクションから成り立っています。国会議員が選挙で選ばれたと言っても、低投票率で選挙区全体の有権者の三分の一とか四分の一の得票しか得られなくとも、或いは多額の企業献金を使って活発な選挙運動をし、有能なのにお金がないために十分な運動ができない候補者を蹴落として当選してしまう者も国民の代表として扱うのです。

裁判官の選任が選挙によったり、全て国会の承認を要することになったりしたら、裁判はもっと政治的色彩を帯び、不公正なものとなるでしょう。現在の仕組みが非民主的だから国民的基盤がないなどとはとても言えないのです。

司法の国民的基盤は憲法を擁護し、公正、中立を保ち、法律を適切に解釈適用し、厳正に事実認定をし、いかなる権力・圧力にも屈しない判断をすることによって得られる国民からの信頼以外にはないのです。

私はこのお話の主題を「裁判員制度の危険性」とし、副題として〝その底に流れるもの〟といたしました。

裁判員制度は只今も述べたとおり憲法の全く予定していないものであります。憲法は素人の裁判参加を否定していないと、私には屁理屈にしか見えない論法で裁判員制度を合憲化しようとする学者らの意見もありますが、私は、それは絶対に通らない意見だと思います。この点の議論はとても十分になされてきたとは思いません。また、この制度には各所に人権侵害の危険性のあるものであります。それを指摘するだけで、この制度の危険性は明白であります。私もこれまでのお話で一応その危険性は取り上げたつもりです。その強制性、罰則による制裁の用意、その制度に国民の自由を犠牲にしなければならない必然性はどこにもないのに、国民を引っ張り出すことの恐ろしさなどを挙げました。この裁判員制度は「違憲のデパート」と言われるほど問題の多いものであることも前述しました。しかし、私の感ずる危険性はそれ以外にもあるのです。

まず、マスコミですが、本来自社の意見を表明し得る全国的規模の新聞社が裁判員制度の根本に立ち返って問題提起をしたことがあったでしょうか。推進の旗振り役はし、それにお付き合い程度の批判意見を記事としてさりげなく載せることでお茶を濁して来たのではなかったでしょうか。

つぎに、本来政治からは距離を置き、常に権力の監視役に立ち、憲法と人権の最後の砦とならなければならない最高裁判所が、全国紙に巨大広告でこの違憲の制度のプロパガンダをして来ました。先日、その長官には、一足飛びで、これまで裁判員制度を推進してきた東京高等裁判所長官竹崎博允という人が就任しました。

さらに、一般市民の味方を自認する弁護士会も、一部を除いて中々制度反対の声をあげません。マスコミ、最高裁判所、弁護士会、その共通するものは、本来常に権力とは一定の距離を保ち、迎合することなく、国民の基本的人権を守る立場に立つべきものだということです。いわば権力という常に暴走の危険のある自動車のブレーキの役目を果たすべきものです。ところが、ブレーキどころか全て権力と一体となって推進役を買って出ている。つまり、我が国はブレーキの効かない自動車になりつつあり、国民は知らないうちにそのような自動車の乗客になりつつあるということです。

何回世論調査をしても、制度反対・消極派が八〇%を上回る。このことは良いのですが、その中には義務なら仕方がないと言って制度を容認しようとする人々も結構いるのです。

裁判員制度は、将来の司法制度をどうするかということですから、個々の裁判にどう対応するかということではない純粋な政治問題です。そうして国民は政治の主役なのです。

しかし、国民の代表たる国会議員はこの制度に殆ど全て賛成しました。今になって超党派の裁判員制度を見直す議員連盟が発足するなど多少批判の動きが出ているけれども、弱い。

本来なら日本全国数十万人のデモが毎日起きてもおかしくない状況なのに、実に平穏です。

私の恐ろしさは、ここ、即ち権力が定めた以上今さらじたばたしても仕方がない、その制度に潜む真実の姿、西野喜一先生のいわゆる「裁判員制度の正体」にどういう訳か切り込もうとしないという全体主義的傾向なのです。しかし、これは民主主義の破壊への道なのです。民主主義の敵は民主主義を巧妙に装ってやって来ます。ヒトラーのナチス政権誕生の経緯のように。

その第一歩は国家権力の個人の内心への介入です。教育現場での日の丸・君が代の強制、教育基本法の改悪等、既に二歩も三歩も入り込んできています。裁判員制度も、国民に、人を裁くことという内心に関わることを強制するものであり、今関源成早稲田大学教授の言われるように「政府が公共性、徳性を振りかざして個人の内面の改造を意図する試みであり、公共的価値や、国民の義務を強調する改憲の理念と相似形をなしている」(二〇〇五年五月『法律時報』臨時増刊、憲法改正問題「参加型司法」)というのは真実です。私は心配性なのかも知れませんが、そのこと、そしてその危険に対し声を上げて警告するべき者が声を上げないことに、鳥肌が立つほどの恐ろしさを感ずるのです。

私は皆さんと共に、この民主主義の危機、司法の危機において、この国民の誰をも幸福にすることのない制度の発足を阻止し、それを実現させないために今後も微力を尽くして参りたいと思っています。


（二〇〇九年五月九日　仙台集会での講演）

2 「裁判員制度を裁く」——裁判員強制の問題を中心に

はじめに

二〇〇九年八月三日に東京地裁で裁判員裁判第一号の事件の審理が開始されてから一年半余が経過しました。最高裁の速報値によりますと、二〇一〇年一一月現在で裁判員対象事件として起訴された人数は二八二二人、判決まで漕ぎ着けた事件は総数一五〇一人、公訴棄却等を除いて一四七二人、起訴後終局までの期間は平均七・八か月、一年をこえるものは九七人とのことであります。一三二一人の未済事件の状況は分かりません。最高裁竹崎博允長官が憲法記念日にあたっての記者会見で、公判前整理手続で、慎重になりすぎていることによる事件の滞留の懸念を述べていましたが、一方、マスコミやそれに登場する関係者は、概ね順調に運営されている、裁判員経験者も多くの人が良い経験をしたとの感想を述べていることを伝えています。また、裁判員裁判を担当した裁判官の多くは、裁判官会同で、裁判員が参加することによって貴重な意見に接し有意義だったとの体験を語っています。

このように、多数の重大刑事事件の裁判が連日のように新聞で報じられ、それについての肯定的評価が伝えられますと、何となくこの制度は良い制度だという印象が広がり、さらに、これまでの絶望的と言われた官僚裁判官による刑事裁判に変化の兆しが見え始めた、裁判員候補者として呼び出されたが出頭しなかったとか出頭しても参加を断わった人が相当数にのぼるのにこれまで誰一人過料の制裁を受けていない、要するに事実上強制はないと言って良い、守秘義務が厳し過ぎると言っても記者会見でテレビに顔を出したり名前を出したりして結構感想などを自由に述べている、それほど心配しなくても良いのではないか、などと思われる方が増えて来ているのではないでしょうか。

先日、私は、ある方から質問されました。その方は、かなり裁判員制度を研究しておられるようでした。その質問内容は、弁護士として裁判員裁判のためのスキルアップの機会はあるのか、現在何人位の弁護士が裁判員裁判を担当しているのか、というような制度運用上の問題にかかるものでした。私は、裁判員裁判は、傍聴はしたことがあるけれども、弁護人として経験してはいないので、そのような制度運営について数値とか状況について言える立場にはない、私の立場は、制度そのものに反対であり、その理由はかかる制度は国家の基本法の許容するものか、裁判員となることを国民に義務付ける憲法上の根拠はどこにあるのか、素人参加の裁判を被告人は何故拒否できないのか、素人の参加はそれほど良いものか、という根本的な問題について納得のいく回答は与えられていないからだと申しました。

そして、その方に、国民が裁判員となることを強制される根拠はどこにあると考えるかと逆に質問しました。その方は、この私の質問に対してはまともには答えず、ただこう言いました。いわゆる先進国と称される国では皆このような制度があると。私は、そのような先進国と称される国には、停止しているかどうかは別として徴兵制がある、或る国では憲法上銃所持を認めている、ほかの国にあるから我が国でも正当化されるとは当然には言えないでしょうと言いました。

私のこの制度の反対の理由で最も大きいものは、この強制の問題です。それでは過料による制裁をなくす、つまり強制しないということにすれば良いのかということになります。現在日弁連会長になっている宇都宮健児弁護士が日弁連会長選挙の際仙台の公聴会に来られたとき、私は、この裁判員強制の憲法上の根拠を質問しました。宇都宮さんは、消費者問題については確かにエキスパートですが、それまで余り裁判員制度のことは深く考えてはいなかったようでした。この私の質問に対し、まともには答えず、「過料の制裁をなくす」とただ一言言いました。この言葉は、そのときの思いつきかと思いましたが、その後「週刊法律新聞」にも掲載されましたので、その場の思いつきではなかったと思います。ただし、彼が会長に就任されてからは、その言葉はすっかり影を潜めました。裁判員制度では国民に裁判員を強制しないで任意参加にすれば良いのか、それなら問題はないのかという問題がありますが、そう単純な問題ではないと思います。この点はのちに述べます。

なお、先月の「週刊法律新聞」一八六九号（二〇一〇年一〇月八日）に「裁判員経験者ネットワークの意義と展望」という記事が載りました。それは裁判員経験者の心理的負担の軽減と貴重な体験の市民団体としての共有が目的とのことですが、なぜ一般市民が心理的負担を負わせられなければならないのか、なぜ貴重な体験をさせられなければならないのかには全く触れていません。そのネットワークの協力者は裁判員制度推進派の立場の人ばかりでした。

司法と民主主義

裁判員制度は、いわゆる司法に関わることです。憲法七六条第一項は「すべて司法権は、最高裁判所及び法律の定めるところにより設置する下級裁判所に属する」と定めています。この司法というのはどういうことでしょうか。司法とは、具体的な争訟について、法を適用し宣言することによってこれを裁定する国家の作用だといわれます。最近、違った意見を表明している学者も散見されますが、基本的には違いはなさそうです。兼子一という亡くなった民訴法、裁判法の大家はこう言っています。「民主国家においては、あらゆる国家機関は民主的基礎の上に立たなければならない。しかし、司法が多数意思の圧力による少数者の自由の窒息に対する安全弁であり、また国政の極端な偏向に対する調節器の役を果たすことにその使命があるとすれば、立法部や行政部と同じような多数意思が働くことには危険がある。司法までが民主化しないところに合理的な民主主義の運用がある」（『裁判法』二二〇頁）。この「司法までが民主化しないところに合理的な民主主義の運用がある」という言葉は、その後、司法のディレンマなどといわれるようになりました。

司法制度改革審議会、以下司法審と言いますが、その意見書についても、市川正人立命館大教授は「憲法学の観点からしますと、司法権の行使によって人権が守られ、少数者の権利が守られるということが最も重要なわけです。そういう観点からすると、民主主義的なルールが司法権の行使に直接入ってくることがいいのか、そのような場合に司法権の行使を通じて果たして人権、少数者の権利が守られるのか、やはり司法権の行使が民主主義のルールから外れていること、すなわち司法権の非民主性に意味があるのではないかというふうに憲法学では考えられてきたわけです」と述べ（『法律時報』七七巻四号、一三頁）、酒巻匡京大教授も「司法審の意見書は確かに冒頭部分では国民主権原理と裁判員制度の導入について述べていますが、国民主権であるから国民参加であるというような単純素朴な議論をしていないことは明瞭であろうと思います。やはり、国家統治体制の基本的な常識的理解を前提として司法権の行使に係る裁判員制度は民主主義と直結する制度としては構想されていないのは明らかだと理解していますす」と明言しています（同文献）。

裁判員制度を推進しようとする人々の中には、それは民主主義をより実質化するものとか（日弁連二〇〇八年発行パンフ）、民主主義の空洞を埋める意味を持っているなどと言う人もいますが（四宮啓弁護士「朝日新聞」二〇〇七年一二月三〇日）、裁判員制度は民主主義と直結するものではないのです。

裁判員制度の狙い

司法と民主主義の間には、前述のように司法までが民主化しないところに合理的な民主主義の運用があると言われる、いわゆるディレンマ問題があり、その結び目をほどいてゆく道筋として「司法への国民参加の持つ意義を問い直す必要がある」と言って「裁判に市民が直接参加することにより人間の権利や市民の義務ということについて深く考える機会を得て、デモクラシーにコミットした市民の育成が期待される」とか、現在の司法行政権の行使を通じての最高裁判所によるコントロールの存在を踏まえて「最高裁のコントロールを受けない陪審あるいは参審のような国民参加制度は裁判をそのようなコントロールから遮断するという意味での自由主義的意義を有している」と主張する学者もいます（常本照樹北大教授「司法権――権力性と国民参加」『公法研究』五七号、七三頁）。民主主義からは導かれないけれども、国民参加を実現したい人が何とかその制度に意味付けをしたいという気持ちが強く伝わって参ります。このような意見は、一見尤ものように思われますが、何らかの効能があれば違憲、違法であっても許されるという前提がなければ是認できない意見だと思います。

実際に、この裁判員制度の立案、法文化の経緯を見てきた樋渡利秋元司法審事務局長（前検事総長）、故山崎潮元司法制度改革推進本部事務局長は、規制緩和社会での治安維持のための国民の意識改革ということを強調しているのです。

よく、裁判への国民の良識の反映、市民感覚の導入が目的であるかのように言われますが、これらの意見はそのようなことには触れていないのです。体裁よく言えば、国民の治安意識教育、一種の思想教育、率直に言わせてもらえば、権力による権力に従順な国民への調教なのです。

裁判員強制は、国民をこのような国民思想教育に無理矢理参加させることです。

裁判員強制の憲法上の根拠

推進本部の委員を務め、制度推進の立場にある酒巻教授は、「この制度の理念あるいは国民的基盤の確立といった非常に高尚なことがうたわれているわけですが、元来この制度は一般国民に対して一方的に負担のみを負わせる改革であるという側面がある……一般国民には特に具体的な利益や利便が生じるものではないわけです。……真正面から正直に国民の皆様にご負担をおかけする制度である、それをちゃんと説明した上で……納税と同じように国民の義務としてお願いした方がいいと思います」と述べています（『法律時報』七七巻五号、一一〇頁）。

しかし、納税の義務は憲法に明記されている（三〇条）のに、明記されていない裁判員義務を、この納税と同じように国民の義務とすることについての根拠は述べられていません。

論者の中には、裁判所や議院の証人の出頭義務の例を上げて合憲化しようとするものも見受けられますが、結論的に合憲説をとる学者（緑大輔、『法律時報』七七巻四号、四〇頁）からもその論拠の正当性は否定されています。また、災害対策基本法や災害救助法による緊急事態に際しての労務負担とパラレルに考えて、憲法上の規定がなくても裁判員強制は合憲であるとする説もありますが（土井真一「日本国憲法と国民の司法参加」、『岩波講座　憲法〈4〉変容する統治システム』岩波書店、二七一頁）、緊急事態において人を救助することと、国家権力の行使によって人の生命、自由、財産を奪う行為とをパラレルに考えるというのは、到底説得力を持ち得ないでしょう。まして、災害対策基本法が準用する災害救助法の一般人の協力に関する規定は罰則の強制のない要請であることはどういうわけか記されておりません。その点からしても、この根拠は全く意味をなしません。

結構多くの人の支持を集めているのが討議民主主義という理論に依拠することです。緑大輔広島修道大学准教授が国民参加の義務化を何とか合憲化しようと試みた理論です。前掲の土井真一氏もその表現は用いていませんが、基本的には同じ発想かと思われます。アメリカの憲法学者C・R・サンスティンの討議民主主義の理論を拝借しようとしたものです。民主主義の正当性は熟慮に基づく討議と市民の参加が担保されたところでの決定である点に求められるというのがその討議民主主義の理論です。この見方では、他者への配慮を伴う理性的な討議による民主主義を実現・維持するために「市民としての地位 citizenship」を保障するものとして憲法を理解するものです。この理解によれば、公共の問題に関する討議への参加を平等に保障するような機関に市民が参加を義務付けられることは、市民にとって憲法の自由権を必ずしも侵害するものでないという説明が可能になると論じています。

しかし、前にも述べましたが、司法と民主主義との間にはディレンマと称されるような緊張関係があるものですから、サンスティンの討議民主主義をそのまま司法の場に持ってくること自体に問題がありますし、公共の討議の場だから国民を強制参加させ得るということになりますと、選挙の強制の問題や個人の私的利益の侵害という問題が必ず起きましょう。憲法の基本的人権条項は、憲法は公益に仮借して侵されがちな個人の権利を守るという立場で規定されているものであり、このような理論が是認されるならば、この憲法の人権保障の立場は覆滅することになりかねません。

「政府が公共性、徳性を振りかざして個人の内面の改造を意図する試みであり、公共的価値や国民の義務を強調する改憲の理念に相似形をなしている」との今関源成早稲田大学教授の危惧がそのまま当てはまります（二〇〇五年五月、『法律時報』臨時増刊）。

柄谷行人氏が『〈戦前〉の思考』（文藝春秋）の中で、ファシズムがあるとすればそれは「民主主義」として出て来る、そのとき抵抗し得るのは社会民主主義者ではなくて頑固な自由主義者だけであろう、と述べています。私は、この討議民主主義理論による裁判員強制の合憲化は、理論的にも無理があるだけではなく、国民を民主主義の名を借りて国策に強制的に狩り出す、ファシズムに道を開く理論として危険なものを感じます。

千葉大学の法哲学の教授である嶋津格氏は、西野喜一新潟大学大学院教授の『裁判員制度の正体』を批判する論説（当人は「メモ」と表現）の中で、「国民に納税以上の覚悟を要求するという側面を裁判員制度が持っていることは否定できない。そして国民の意識がこれを受け入れるならば国家と国民との関係について望ましい変化であると考えている」と論じています。そのようなことが望ましいと受け止める感覚は、私とは余りにかけ離れています。これについては西野教授が「普通の裁判員制度賛成論者でも簡単には同調しかねるのではなかろうか」と批判していますが、しかし西野教授がさらに言われるように、「裁判員制度は我が国に何をもたらすか、それを象徴しているのがこの嶋津メモである」ということについては、私も全く同感です。

なお、これらの裁判員強制合憲の意見は、主としてそれが憲法一八条の苦役に当たるか否かという点で論じられていると思いますが、私は、職業選択の自由、思想、良心、信教の自由の面からも論じられるべきだと思います。

まず、裁判員という身分ですが、これは最高裁判所の広報パンフレットにも明記されていますが、非常勤の裁判所の特別職公務員です。ですから、通勤災害、公務災害についての補償が受けられます。収賄罪の適用対象にもなります。公務員というのは権力者のように思われますが、憲法一五条二項は、奉仕者、それも全体の奉仕者 servants of the whole community と規定しています。この裁判員となることを強制するということは、この奉仕者 servant になることを強制されるということです。このような義務を課すことが好ましいことと思う前述の嶋津教授のような立場でも、憲法上国民は全体の奉仕者、公務員にならなければならないという根拠を見出すことは困難なのではないでしょうか。この公務員と国民との関係は、国民はこの公務員の固有の選任権を有する雇主でありこそすれ、奉仕者にさせられる存在ではないのです。

また、裁判、特に裁判員制度について論じられる刑事裁判は、大久保太郎氏も強調されるように、人の生命を奪う、自由を拘束する、財産権を侵害するという、日常生活においては犯罪と看做され得る行為です。そのようなことを国家権力の立場に立って意思決定をすることについては、一般人としては、そのようなことは自らの思想、信条、信仰上の立場によって、或いは自らの感覚的なものによって、実に恐ろしいことであってできないと思うこともありましょう。つまり、国家の行為とはいっても、それは国民の内心に深く関わることであり、そのような内心の自由を侵す可能性のあるものです。その内心を国家権力が強制によって侵害することは、憲法の基本的人権条項（一九条、二〇条）に違反することになりましょう。

東京高裁（第二刑事部）は、二〇一〇年四月二二日、裁判員制度は憲法に違反しないとの最初の判断を示しました。その詳細は分かりませんが、西野教授の批判論稿（「週刊法律新聞」二〇一〇年五月二八日第一八五三号）によれば、裁判員制度には国民に裁判員を強制する合理性があるということのようです。どこにもそのような合理性は見当たらないと思います。東京高裁第一一刑事部も同年六月二一日合憲判決を出していますが、その理由は極めて皮相的です。

裁判員制度の制度設計について

(1)　強制について

先ほど、裁判員強制について、それを合憲化する論拠のないことを述べてきました。それでは、強制しなければこのような国民参加という裁判の仕組みは是認されるのでしょうか。

裁判員強制という仕組みは、司法にとって望ましいことだからということで導入されたものではありません。その強制を提案したのは司法審です。その意見書は、「裁判員選任の実効性を確保するため」とその義務化の理由を述べています。実に簡明率直というべきです。義務化しなければこの裁判員制度は実効性が出てこないと言っているのです。その実効性の確保ということについては特に説明はありませんので推測する以外にはないのですが、すぐに思い浮かぶのは、強制しなければ誰も集まらない、集まらなかったらこの制度は立ち行かないから、ということでしょう。裁判員を駆り集めれば良い裁判ができるなどという発想はないでしょう。良い裁判になるかどうかは別としてともかく集まってもらわなければ困る、これがすぐに思いつくことです。この義務化をやめたら人は集まりませんから、この制度は立ち枯れするかも知れません。

二〇一〇年一月の最高裁の実施した「国民の意識調査」結果でも、参加したいが七・二%、参加してもよいが一一・三%と回答しているところをみると、義務化をやめてもこの制度は何とか立ち行くかも知れません。しかし、裁判員を参加することの実効性はなくなるかも知れません。何故かと言うと、義務化されなくても参加する人というのは割合からすれば二〇％弱であり、その二〇％弱の人だけが裁判員になってしまうことになります。その二〇％というのはそれだけ暇な人、一生に一度は裁判官席に座って人を裁くという体験をして見たいと思う人、つまり暇人、物好き、或いは国家に奉仕することに誇りを感じている忠実な国民によって裁判員が占められてしまう危険性があります。これは、裁判員が全く集まらないことよりもっと大きな問題です。裁判というのは、暇つぶしの場でもないし、人の好奇心を満足させる或いは国家への忠誠を示す場でもありません。

最高裁判所による裁判員経験者に対するアンケートにおいて、当初は消極的な参加意向を示していた者も、参加した後では九七・五％の者が非常に良い経験または良い経験をしたと言っているとの結果が公表されています。先に述べた裁判員経験者ネットワークの集まりでの経験者も同じ感想を述べたようです。私はこのことについて以前、それは当たり前だ、人生でめったにない経験をさせられて、それも哀れな被告人を上から見下ろす経験をしてみれば、良い経験と思わないような人は珍しいと書いたことがあります。強制を外せばその点の憲法問題は消えますが、このような参加形態は裁判の本質に関わることだと思います。裁判はエンターテインメントではありません。暇つぶしや物好きを満足させたり、人生に貴重な経験を与えることを目的として存在しているものではありません。

そうなりますと、やはり強制でなければ裁判員裁判の実効は上がらない、司法審のいう「実効性を確保するため」というのは、こんなところにもその狙いがあるのかと勘ぐってしまいます。

また、先にこの制度の狙いが国民の治安意識教育だと申しました。司法審意見書の内容、樋渡司法審事務局長、山崎推進本部事務局長の公表された意見をみれば、それは間違いのないことです。裁判員になりたいとか、なっても良いという人、これらは国策への協力者ですからもうその意識教育は必要のない人と言って良いでしょう。義務でもやりたくない、本来ならやりたくないが義務なら仕方がないという人ほど、この意識教育は必要だということになりましょう。そのためには強制以外にはありません。ですから、やりたい人だけ、やってもよいという人だけを対象にするのであれば、制度立案者の立場からすれば裁判員制度を実施する意味はないのです。

裁判員法一六条には裁判員の辞退事由が規定されています。政令で定めるやむを得ない事由があるものについては、裁判員を辞退できる場合があります。前述の東京高裁第二刑事部判決は、このように強制とは言っても広く辞退事由が認められているのだから合憲だという趣旨の判示もしているようです。

裁判員制度は反対だ、やりたくない、自分の思想・信条に反するということは、辞退事由にはなっていません。国民の八〇％以上の人が義務でもやりたくないとか義務なら仕方がないと言っている意識調査の結果があります。ですから、辞退事由をどのように定めようと、多くの国民には、やりたくないことをやらされる、つまり強制であることには変わりがありません。その強制の程度が弱いから強制ではないということはないでしょう。しかし、国民一般に網をかけて国民を動員するという仕組みを制度設計の基本とする以上は、どうしても憲法上正当化できない裁判員強制であっても、強制を基本とせざるをえない、つまり裁判員制度と裁判員強制という仕組みは一心同体のものなのです。

裁判員制度の現状とか効用だけが強調されてどんどん事件処理が行われていて、この強制の問題はうやむやにされてしまっているようですが、私はそれは許されないことだと思います。

強制を正当化できなければ、裁判員制度も正当化できないのです。

裁判員制度推進派の人がこのような素人参加の裁判形式も憲法の容認するものだと理屈付ける根拠として、憲法三二条に「何人も、裁判所において裁判を受ける権利を奪われない」と規定していて、帝国憲法二四条のように「裁判官の裁判を受くる権」と定めていないことを取り上げるものがしばしば見られますが、憲法三二条は国民の国家による裁判を受ける権利いわば出訴権を保障したものと解釈されており（西野喜一「東京高裁判決の問題点」「週刊法律新聞」一八五三号）、かかる議論は正当とは解し得ません。それより、裁判への国民参加強制の条項を憲法は全く用意していないことには目を向けない、誤った意見だと思います。

最高裁判所は、先の調査で、出頭率は呼出状の不到達のものを除くと九一・三％になっていると言います。しかし、これは呼び出しを受けた人で出頭を拒否しなかった人を分母とする出頭率ですから高くなるのは当たり前です。二〇一〇年九月一五日の「琉球新聞」によりますと、このような計算によっても出頭率は六〇・九％（四一人中二五人）だったとその関心の低さを伝えていました。総呼出数は通常は八〇ないし一〇〇ですから、八〇人としても出頭率は三一％、一〇〇人であったとすれば二五％ということになります。これは、このような制度は本来国民の主体的参加がなければ成立しない制度、即ち国民の燃え上がるエネルギーから生まれたものでなければ円滑には行かない制度なのに、司法審というごく限られた人間の集まりで全くの思いつき妥協の産物として発案され、問題意識を持たない国会議員によってあっという間に成立させられたものだからです。このような思いつきが法律となって国民の自由を奪うこと、それに国民がさしたる抵抗を示さないことに、私はこの国の危うさを感じます。

(2)　公判前整理手続について

制度設計の中でも、大きな問題は公判前整理手続です。

この手続は、裁判員制度の施行前からそれを見越して刑訴法に盛り込まれたものであり、裁判員裁判では必要的手続とされています。今この手続で大きな問題が起きています。先に述べた竹崎長官の発言でも明らかになった事件滞留の問題です。これは種々原因があるでしょうが、裁判員の負担軽減のために証拠をできるだけ絞り込み、争点を明らかにし、鑑定のように時間のかかるものは採用決定して完了させる、その結果の調べは裁判員の参加した法廷でする、何よりもこの整理手続で重要なことは刑訴法三一六条の三二に定める整理手続後の証拠調べ請求の制限です。やむを得ない事由によって請求できなかったものを除いて、証拠調べ請求ができないということです。このような規定がありますと、証拠収集能力において検察官よりはるかに劣る弁護人はそう簡単にこの整理手続を打ち切ることに賛成いたしかねるのは当たり前であり、特に複雑な事件になればなるほど慎重になるに決まっています。これも、長時間拘束することのできない素人が参加し、その都合を優先させようとするために発案されたものです。これによって、被告人の身柄拘束が長期化する、審理が遅くなり、証人の記憶も薄れる、適正な裁判ができなくなるとなったら、一体裁判員裁判というのは何なのかという根本的疑問が生まれてくるでしょう。しかも、この整理手続については、特に非公開の規定はありませんから公開していけないわけではありませんが、現実には公開されてはいません。この点について、憲法の公開規定に違反するとの指摘も当然に出ています（西野喜一「司法府の岐路」（上）、「週刊法律新聞」二〇一〇年二月九日号）。裁判員制度を採用したがための刑事裁判の悪しき変質の一例と言えるでしょう。

(3)　守秘義務について

制度設計における守秘義務の問題は新聞紙上でもよく言われることですから今さら採り上げるまでもないかも知れませんが、守秘義務の中で最も問題となる評議の秘密については触れておかなければなりません。裁判員制度は、裁判員の健全な常識を反映させる、市民感覚を反映させることが目的だなどよくマスコミで言われますが、そのような目的で制度化されたものではなく、国民を無理矢理重大刑事裁判に参加させてその治安維持についての意識改革をしようというところに狙いがあることは前述のとおりですから、裁判員が加わってどのような発言があり誰が何と言ったかは問題ではない、ともかく国民が参加したという形が整えば良いということからすれば、誰が何と言ったかが秘密であるかどうかはさしたる問題ではないわけです。裁判員が発言し易いようにするためには必要だと言われますが、裁判員は番号で呼ばれるわけですから、そんなに厳しい義務を課す必要はありません。その守秘義務の最も大きい効果は何だと思われますか。市民が参加して出された結論が、裁判官が主導し、裁判官の意見に全て落ち着いたものだとしても、それは市民の良識の反映されたものと看做される、つまり中味はこれまでの裁判官の判断と全く変わらないのに、市民参加という衣装をまとったそれだけで市民の良識反映というお墨付きを得、その結果裁判官は責任逃れのメリットを得るということです。そうではないという証拠は秘密のベールに包まれて出てこないという仕組みです。

その典型は次に述べる控訴審の問題です。

(4)　控訴審について

控訴審制度は、今回の改革では全く手がつけられませんでした。司法研修所から出されている「裁判員裁判における第一審の判決書及び控訴審の在り方」と題された司法研究報告があります。また、東京高等裁判所刑事部総括裁判官研究会なるものが「控訴審における裁判員裁判の審査の在り方」を明らかにしています（『公判例タイムズ』一二九六号、二〇〇九年七月一五日)。これらに共通するのは、裁判員の参加した裁判は国民の健全な社会常識が反映されたものであるからその裁判を尊重し、これまでは一審の当事者の主張・立証の枠組みに拘束されることなく自ら真相を追求するという姿勢をとっていたものを、事後審としての本来の趣旨即ち原審の判断を事後的に審査する立場を守り、独自に事案の真相を追求するという姿勢をとるべきではないという姿勢への転換が打ち出されているのです。

しかし、一審に裁判員の意見がどのように取り入れたかは守秘義務の関係で知るすべはないわけですから、裁判員がただ頭を並べたというだけのことでしかないのに、控訴審がこれまで以上に原審尊重になるということは、事案の真相に一歩でも二歩でも近づく、被告人の言い分に真摯に耳を傾けるべき刑事裁判の本質からは、向かうところは逆になるのではないかと思います。この点においても刑事裁判の悪しき変質を指摘できます。

(5) 裁判員裁判拒否権について

つぎに、被告人の裁判員裁判拒否権の否定です。これも司法審の打ち出した裁判員裁判の骨格の一つです。

「新たな参加制度は、個々の被告人のためというよりは、国民一般にとって、あるいは裁判制度として重要な意義を有するが故に導入するものである以上被告人が裁判員の参加した裁判体による裁判を受けることを辞退して裁判官のみによる裁判を選択することは認めないこととすべきである」と司法審の意見書は記しています。

国民一般にとって或いは裁判制度として重要な意義を有するというのは、意見書の文脈からすれば、司法への国民の主体的参加を得て司法の国民的基盤を確立するということを言いたかったのでしょうか。表向きはそういうことでしょう。しかし、先に述べましたように、国民にとって裁判員制度とは何かと言えば、国民の調教手段そのものであり、裁判制度としての裁判員制度は、被告人の基本的人権の尊重、事案の真相の追求という刑事裁判の本質からすればそれに背反する毒薬と表現してもおかしくないものです。それが重要な意義だとは到底言えません。個々の被告人のためではない刑事訴訟の変革ということは、公平な裁判所ということを念頭においていないものであり、被告人を無視した議論です。そして、制度化されたものは、前述のとおり、公判前整理手続、事件滞留、控訴審の変質など正に被告人の立場無視の現実となってあらわれているのです。

裁判への市民参加の典型である陪審制は、被告人の権利であり、被告人がこれを回避することが可能なことは周知のとおりです。我が国の陪審法が被告人の選択によって行われていたこともよく知られていることです。その後の制度運用について冤罪が多いことが指摘されていますが、詳しい現実がどうなっているかは分かりませんが、理念的には、裁判への市民参加というのは被告人の人権の保障にあるのです。ところが、我が国の裁判員制度は被告人のためのものではないというのですから、いかに異形のものであるかは明らかだと思います。

裁判に素人が参加することについて

先ほど、私に裁判員制度について質問した方に、私が裁判員強制の根拠を尋ねた際の回答をご紹介しました。いわゆる先進国では殆んどそのような市民参加制度があるではないかということでした。ここでその強制の問題、憲法問題は横に置いて、市民参加、素人が裁判に参加することについて考えて見たいと思います。

我が国にも停止中の陪審法があり、裁判所法第三条第三項には「刑事について陪審の制度を設けることを妨げない」と規定されています。陪審法は、陪審員の資格に所得による制限があるなど、そのままの形では復活させられないものですが、一応裁判への市民参加の道を開いているように思われます。

私は原典に当たったことはないのですが、フランスの政治学者アレクシス・トクビルは、その著書の中で陪審制こそ司法の民主化の要だという趣旨のことを記しているそうです。亡くなった哲学者の久野収氏も「司法における国民主権の第一の前提は陪審制の確立でなければならない」と述べ、アメリカの建国の父ジェファーソンやハミルトンも「司法権の独立とは陪審制のゆるぎない確立と裁判官の終身制のゆるぎない保証につきる」と言い切っていることを紹介しています（『展望』一九七一年六月、筑摩書房）。

裁判員制度に批判的な人の中にも、陪審制なら良い、陪審制こそ実現されなければならない、と運動している方もおります。

私は、そこには二つの問題があると思います。一つは、陪審制が司法の民主化の要かということです。陪審制の起源については、フランスだとかイギリスだとか説がありますが、当初は証人的機能を有するものであったようです。現在のように裁判への市民参加という明確な形になったのは、アメリカではイギリスからの独立運動の成果として、フランスでは王制を打倒する革命運動の成果として、政治のみではなく、司法も人民が主体でなければならないという発想から歴史的に形成されてきたものです。

その意味では民主主義と密接な関係があるようですが、政治の民主化と同一レベルでないことも事実です。多数の国民が参加して国家意思を決定するのではなく、国民のごく一部の人が裁判に参加するという仕組みですから、その人民参加というのは、人民が政治の主体であるということからすれば極めて形式的です。民主政治というのは多くのフィクションから成り立っていることは否定し得ないことですが、この陪審は、民主主義ということからすれば、それよりはるかにフィクショナルです。プロ以外の市民が参加すれば民主的であり、それが民主化の要という評価は、私にはとても理解できないことです。

もう一つの問題は、先に述べました「司法までが民主化しないところに合理的な民主主義の運用がある」という、司法と民主主義との関係にかかわることです。

トクビルも久野収も、民主化ということに無条件の価値をおいていたのだと思います。国家作用は全て民主的でなければならないという観念が、その人々には支配的だったのだろうと思います。

司法審が未だ「裁判員」という言葉を知らない段階で、この国民参加を議論したのは、強力な陪審制推進論者とその反対論者との対立からだったことはその議事録からも窺われることです。欧米では普遍的であり、過去には我が国でも行われた市民の裁判参加は、民主国家なら当然に採用されて然るべきだという意見が強力に述べられ、海外視察などもなされて、妥協の産物として現在の裁判員制度は生まれました。多くの人には市民参加は民主的という感覚で受け止められ易く、恐らく裁判員法案を審議した国会議員の殆どもそう受け止めたと思います。私自身も日弁連が長年取り組んでいた陪審推進論の洗礼を受けていましたので、何となく良いことのように思っていました。

しかし、先ほども申しましたが、国家の作用としての司法というものは、民主的であれば良い、民主的でなければならない、人民が参加すれば良いという認識ではなくなってきたのです。

憲法七六条第三項は、「すべて裁判官は、その良心に従ひ独立してその職権を行ひ、この憲法及び法律にのみ拘束される」と規定しています。いわゆる司法権の独立の宣言です。これは、司法までが民主化されないところに合理的な民主主義の運用があるという考え方が表れたものと私は理解します。

今回の裁判員制度の対象事件は重大刑事事件ばかりですので、年間二三〇〇件程度です。我が国に毎年提起される訴訟（民、刑、少年保護、家事審判事件）合計は二八〇万件ほどです。

それに附随する裁判所の大小の判断はさらに数百万件を超えるでしょう。これらは勿論市民参加ではありません。九九・九九％以上の裁判は市民がその判断に加わることはありません。しかし、これをもって裁判が国民的基盤がないとか弱いとかいえるでしょうか。

前にも述べましたが、民主主義国家においては、あらゆる国家機関は民主的基礎のうえに立たなければなりません。多くの裁判が一般市民の参加しないところで行われ、我々は戦後六五年それを容認してきました。今回の裁判員制度だって、国民が今の職業裁判官による裁判はNO！だと言って採用させたものではありません。現在の多くの裁判が民主的基礎を有しないものか、そんなことはありません。

絶対王制、専制君主制など政治が一部の強大な権力者の手に握られていた時代は、裁判の判断の基準もその権力者の独断で決められていました。朕は国家なりでした。しかし、憲法七六条第三項も定めるように、裁判の判断の基準は、民意の結晶である憲法とその下に成立した法律なのです。裁判官がこの民意を無視することは許されませんし、また、この民意を侵す一切の圧力に負けてもいけないのです。その意味では、我が国の裁判は民主的基礎を有していることは明らかです。下級裁判所の裁判官の選任についても、最高裁判所の指名した者の名簿によって、内閣でこれを任命すると定めています。内閣が国民の選挙によって選ばれた人を主体としていることは明らかです。形骸化しているとは言っても、最高裁判所裁判官国民審査制があり、国会による弾劾による罷免制度が定められ、裁判官に対する公的弾劾制度が定められています。憲法は、その意味で司法の本質に配慮し、司法と民主主義とのバランスを保った制度をこのように定めているわけです。

冒頭に、司法とは何かについて定義を申し上げました。司法とは、具体的な争訟について、法を適用し宣言することによってこれを裁定する国家の作用だと言いました。裁判という言葉が示すように、裁判における国家意思の決定は、立法や行政のそれとは違って、過去に発生した事実への法律の適用という裁き判つ判断作用です。その裁判には、裁判官が勝手に独自の基準を用いることの許されないことは当然です。先ほども言いました、民意の結晶としての憲法とその下に定められた法律が、その判断の基準になるのです。裁判員裁判で、よく、民意を反映する、市民感覚を反映する、市民の健全な常識を導入するなどと言われますが、民意、市民感覚、常識は、憲法と法律で示されたもの以外には判断基準であってはならないのです。

裁判員制度は、事実認定だけではなく、量刑にも関与させます。刑事法の定める刑罰規定の殆どは、上下かなり幅のあるものです。しかし、幅があるからそのときそのときの感覚で勝手に決めて良いか。法律は具体的な基準こそ定めてはいませんが、その幅の範囲内で社会に発生することの予想される事件の態様を考慮して刑罰を定め、その軽重に従って具体的刑を定めることを裁判官に命じているものであり、その量刑は広い意味での事実に対する法律の適用です。そのためには、裁く者に、法律の知識とその真意を理解する能力を有し、人間、社会に対する深い洞察力を要求するものです。

よく、事実認定については市民と専門家の判断方法に大きな差があるわけではなく、先ほど申し上げた討議民主主義の立場からも、これについて「討議に馴染む問題である」（緑大輔、『法律時報』七七巻四号、四一頁）との意見も述べられています。確かに事実認定と法律の解釈は異なります。裁判員に量刑までは委ねられないけれども、事実認定は委ねてもよいという意見（これは陪審制の発想ですが）があります。事実認定というのは、目の前にある事実が何であるかを認識することではなく、過去に発生した事実に関する断片的な証拠や資料に対する種々の角度からの検討・評価を経て出される結論であります。そのようにして争いある事実の真偽いずれかに判断すること、検察官に犯罪事実の立証責任があるから疑わしきは被告人の利益にということと黒だということとを何を基準に判断するのか、ということは、修練と経験を積み重ねても困難な作業です。一生に一度くじで選ばれた人と、そのような判断作用を苦悩を抱きながら且つ上級審での批判を受けながら日常の仕事として経験を積み重ねている人とで、どちらが誤りのない判断をし得るかを考えなければいけません。また、その双方が評議した場合に、専門家に誘導されない素人が何人いるでしょうか。

この社会ではよく適材適所ということが言われます。社会は人によって決まります。適材適所の選択を誤ったら、この社会はどうなりましょうか。

人の生命・自由財産に関わる重大な判断に関わる人が、くじで選ばれた人なら誰でもよい、くじで偶然に選ばれた人の中からしか選定できないということは、合理的といえることでしょうか。

ですから、私は、正しい司法の在り方として、憲法の規定を離れても、陪審制とか参審制というのはどうしても好ましいものとは考えられないのです。

おわりに

(1) 今年(二〇一〇年)の七月三日、仙台で裁判員制度反対の市民集会を開きました。席上、裁判員裁判の弁護人を経験した仙台弁護士会の或る弁護士の報告を聞いて、私は大変驚きました。そのことは私も仙台弁護士会の会報に投稿したのですが、公判前整理手続の際、担当裁判官が弁護人に対し、証人に対する反対尋問の尋問事項書を予め出すようにと促したそうです。反対尋問は、主尋問に対する証人の応答の内容、その態度を把握し、その場でその内容の曖昧さ、矛盾をつき、証拠価値を弾劾する性質のものであり、会ったこともない証人について予め反対尋問の尋問事項書を出すなどということは不可能なことであり、そんなことを求めること自体が異常です。その弁護士は当然のことながら直ちに断わったということですが、何故裁判官がそのような異常な要求を弁護人に対してしたのかということです。裁判員に負担をかけないために日程を細かく決めたい、ただそれだけの理由であったろうと思います。或る裁判所では、弁護人の尋問中にストップウオッチを示して尋問を急がせたということがあり、弁護士会が抗議の声明を出したといわれます。

(2)　裁判員制度に何らかの意味付けをしたい学者は、前述のとおり、最高裁判所の影響を受けない一般市民が参加することによって、これまでのような最高裁判所の影響力のない形の裁判所の実現を期待していますが、先ほど来お話ししましたように、一般のくじで選ばれた素人にそんなことを期待するというのは、ないものねだりというよりは、そのようなことは期待できない制度であることは初めからわかっていて、こじつけの存在理由を並べて国民を騙そうとしているのではないかと疑います。

(3)　裁判員制度施行前の裁判に問題はなかったかと言えば大有りです。司法制度改革というのは、そのような問題を洗い出し、それを改革していくことをいうのだと思いますが、司法審の委員にそのようなことの期待できる人は入ってはおりませんでしたし、そのような調査検討を行った形跡は見当たりません。むしろ、今の裁判は概ね順調に行われているというのが大方の認識だったのです。

私は、現在の裁判に問題は大有りだと言いました。今年の九月、検察官による物的証拠の改ざんとその後の検察庁の対応が大問題となりました。司法制度の根幹を揺るがす前代未聞の大事件です。それは検察庁の問題であって裁判所は違うといわれるでしょう。しかし、いずれの官署も官僚によって運営されています。二〇〇九年、新堂宗幸教授が『司法官僚』というタイトルの本を出されました。現在の裁判官が最高裁事務総局によっていかに巧みに管理されているかを、種々のデータ、例を取り上げて綿密に論証しています。官僚というのは、極めて高度に訓練された専門家集団であり、しかも国民によって権力の実際の行使を委ねられているために、その委ねられていることがどこかに飛んで官僚自身が権力者であるような錯覚を持ってしまいがちの存在です。それ故、どうしても自己保身に走りがちです。そのほか、官僚制度には、閉鎖性、秘密性等の構造的といっても良いほどの問題があります。

東京、大阪、名古屋の各高等裁判所で今年五月二〇日ごろ相次いで裁判員制度に関する裁判官意見交換会が開かれました。その内容は裁判員制度礼賛意見の集大成と言ってもよいものですが、一つ引っかかるものがありました。大阪高裁管内で開かれた会合で或る裁判官が「裁判員制度の開始前に、この制度に否定的な考えを持っている裁判官もいるのではないかと思うが、本音ベースで教えてもらえないか」と発言したところ、司会の刑事上席裁判官は即座に「制度に関しての評価の問題になると思うが、この場で回答することは相当でないと思われる」と発言しています。

その会合は制度の是非を議論する場ではないのだからというのが恐らく司会者の言わんとしたことではないかと思われますが、それではそのような議論、発言者のいわゆる「本音ベース」の応答はいつどこで行われるべきなのか、行われたことがあるのかが見えてきません。そのような中で、このような発言についての意見表明が封じられるとすれば、正に官僚司法の閉鎖性、秘密性を象徴するような意見交換会と言えるのではないかと思いました。

裁判官は裁判員制度をどう考えているのか、私のように政治的問題と捉える立場ではなくても、本音ベースで話し合い、その結果を発表できる雰囲気の欠如が、現在の司法にとっては極めて重大な問題なのではないでしょうか。

日本の裁判制度一〇〇周年の年、一九九〇年に木佐茂男当時北大教授が、『人間の尊厳と司法権――西ドイツ司法改革に学ぶ』（日本評論社）という著書を出されました。木佐教授は、そのはしがきで「執筆の前提にあるのは、西ドイツ司法の明るさと比べて顕著な日本の裁判所の暗さである。多くの日本人には知られていないことであろうが、日本の裁判所は一九六〇年代までの雰囲気とは異なったものになっている。現在の裁判所ほど、秘密、不信、統制、差別および権威主義が支配している公共部門は少ないようである。本書執筆のための取材に際してご協力をいただいた裁判所職員の方も少なくはないが、全体としては情報統制と秘密主義の徹底を感じた。……その違いは法系の違いに由来する異質さとは別個の、例えば官僚主義と人間主義といった違いに由来するもののように思える。……西ドイツの裁判所は人間に合ったように寝台を作るのに対し、日本の裁判所は寝台に合わせて旅人を切ったというギリシャ神話のプロクルステースのようではないかとしばしば考えた」と記しています。だから、裁判員制度の採用が効果があるという学者もいますが、このような問題山積の裁判所が裁判員制度を推進しているものであることを忘れてはなりません。裁判員は、裁判所のお客様であって、招いてくれた人に文句を言える立場の人ではありません。

私たちは、この今抱える裁判所の問題、裁判所が裁判官の独立性とその良心を信じ、官僚ではなく個性豊かな人間として裁き人としての役割を十分に果たせる方法を模索すべきだと思います。

即効性はないかも知れませんが、やはり法曹一元はかなり効果的ではないか、全くの思いつき的私見ですが、私は控訴審は法曹一元裁判官が少なくとも過半数を占める裁判体であることが望ましいと思っています。

まとまりのない話でしたが、いささかでも私の裁判員制度反対の理由をお汲み取りいただければ幸いです。かなり独断的なところもありますので、ご批判は甘んじて受けたいと思います。

最後に一言。さして闘争的ではない私をしてこの制度反対に頑固に向かわせるものは何か、それは国家の誤った制度によって不幸な人が一人でも出ないように、ただそれだけの思いです。

（二〇一〇年一一月五日　さいたま市民集会での講演）

第三章　裁判員制度と最高裁

1　最高裁の裁判員制度合憲判決を批判する

はじめに

最高裁判所大法廷が昨年一一月一六日に言い渡した裁判員制度合憲判決（以下「判決」という）については新潟大学大学院西野喜一教授が既に的確且つ網羅的に強烈な批判を展開しており（新潟大学紀要『法政理論』四四巻二・三号）今更私の出る幕ではないとは思うが、弁護士的感覚からその判決について私なりに疑問に思うところがあるので、ここに西野教授の判決批判と重複するところがあることを承知のうえで若干述べさせて頂く。

判決の結論自体は、仮に最高裁が裁判員制度について憲法判断をすることになればなされるであろうと予想されたものであり、何ら驚くには当たらない。一五人の裁判官全員一致の判決、しかも個別意見一切なしは、多少は異見を述べる人もいるのではないかとの期待を抱かなかったわけではなかったのでいささかがっかりした。

判決の要約

判決を要約すれば、憲法には国民の司法参加を認める旨の規定は置かれていないが、憲法制定の経緯などを考慮すれば国民の司法参加は憲法の許容するところであって、結局は国民の司法参加に係る制度の合憲性は具体的に設けられた制度が適正な刑事裁判を実現するための諸原則に抵触するか否かによって決せられるべきであり、憲法はその内容を立法政策に委ねていると解されるとの前提のもとに、裁判員法による裁判員制度の具体的内容は刑事裁判に関する様々な憲法上の要請に適合した「裁判所」といい得るものであり、また裁判官が時に自らの意見と異なる結論に従わざるを得ないとしてもそれは合憲の法律に拘束される結果であって憲法七六条三項の趣旨には反しない、また裁判員となることは「苦役」であるということは必ずしも適切でない、従って裁判員制度は違憲ではないというものである。

判決の論理構成

この判決の論理構成には、明らかな誤りというより合憲の結論に導くための作為が感じられる。

上告理由は、「裁判員の参加する刑事裁判に関する法律」いわゆる裁判員法の定める司法への具体的国民参加制度（「裁判員制度」という）の違憲性を論じるものであって、一般的に国民の司法参加が違憲だと言っているのでも、その制度が刑事裁判に関する憲法上の要請に適合しているか否かを論じているものでもない。

判決は、冒頭において「まず、国民の司法参加が一般に憲法上禁じられているか否かについて検討する」と述べながら、まず憲法に明文の規定がないことを取り上げ、次いで「憲法上、刑事裁判に国民の司法参加が許容されているか否か」と論じ、急に「刑事裁判」に限定した理論を展開する。しかし国民の司法参加の憲法許容性を論ずるのであれば、ことさらに刑事裁判に限定して論ずべき理由はない。自ら提起した問題が「国民の司法参加が一般に憲法上禁じられているか否か」であって「国民の「刑事裁判」への参加が一般に憲法上禁じられているか否か」ではないことからすれば、途中からその問題提起を「刑事裁判」に限定するについては、説得力ある説明が必要であろう。合衆国憲法修正第七は民事陪審の保障を定める。立法例ではこのように民事陪審を定めることも有り得ることからすれば、本来は「司法という国家の権力行為と国民の参加」という命題について根本的に論じることが筋であろう。判決自体、そのような根本的問題提起を自らしながら、突然に刑事裁判に限定したことの理由は何か。さりげない記述ではあるが私はそこにこの判決の重要な意図が巧妙に隠されていると考える。その刑事裁判限定の理由は、裁判員制度が刑事裁判においてのみ採用されているからということではなく、その結論である「国民の司法参加に係る合憲性は、具体的に設けられた制度が適正な刑事裁判を実現するための諸原則に抵触するか否かによって決せられるべきものである」との記述にみられるように、国民の司法参加という本来は大きいテーマについて、それをその制度設計として適正な刑事裁判を実現できるものであれば合憲であるという矮小化された単純な結論を導くために敢えて採用された論法であると考えられるからである。

一般に国民の司法参加が論じられるときには、制度設計上必然的に論じられることは「適正な刑事裁判の実現」などという極めて限定された命題ではなく、それに優先して、一般に国民を裁判に参加させる場合に国民に対しいかなる義務を課し、負担を強いることになるか、一般国民という素人は正当な判断が可能か、素人裁判官は玄人裁判官とどのような関係に立つのか、その役割分担をどのように定めるかなど、制度設計上の多様な問題がある。それ故それら一つ一つについて綿密な憲法上の検討が必要になる。

国民参加といっても、現に行われている調停委員、司法委員、参与員など多様な形態があり、それらについては合憲性が俎上に載せられるようなことはなかった。合憲性が問われるのは、司法への一般的な国民参加問題ではなく、その制度選択及び具体的制度設計の内容如何である。

司法制度改革審議会の最終答申書でさえ「具体的な制度設計においては、憲法（第六章司法に関する規定、裁判を受ける権利、公平な裁判所の迅速な公開裁判を受ける権利、適正手続の保障など）の趣旨を踏まえ、これに適合したものとしなければならないことは言うまでもない」と記述している。その記述自体、参加が求められる国民の立場に対しての配慮を明示していないなど不十分だが、判決は、その記述のうちいわば適正な刑事裁判さえできれば憲法上問題がないと断じているのであり、極めて偏頗な論理の展開と評する以外にはない。

裁判員制度について憲法判断をする場合、その具体的制度の骨格たる構成を先ず確認し、憲法にその存在の根拠を見出し得るか否かを論じることが肝要である。

裁判員法の骨格

裁判員法の定める司法への国民参加制度は、裁判員を一部の例外を除き衆議院議員の選挙権を有する者の中から無作為にくじで選任するものであること、裁判員は裁判官と共に死刑又は無期の懲役若しくは禁錮に当たる罪に係る事件等重大刑事裁判に関与し公判に裁判担当者として出席し評議・評決に独立して関与するものであること、一部の例外を除き裁判員となることを罰則により強制するものであること、裁判官は裁判員の判断に拘束される場面もあるというものである。

問われるべきは具体的な制度の合憲性

繰り返すが、これらの骨格を備えた具体的な制度が、憲法の定める司法制度の許容するものか否かが問題の本質であり、国民の司法参加一般や、陪審制・参審制が憲法の許容するものか否かは、ここで論じられるべき対象ではない。

判決の論理は、前述のとおり、国民の司法参加は憲法の許容するものか否かを先ず一般的、抽象的に論じ、憲法には明文の規定はないけれども、司法への国民参加は合憲であると断じ、国民参加の制度設計に違憲性があるか否かは素通りして、制度の骨格たる部分が「刑事裁判」に関する憲法上の要請に適合さえしていれば良いという判断過程を辿っている。

　問題の中心は、前記裁判員制度の骨格として定められているもの、特に憲法に明文の規定がないのに一般国民に対し重罪裁判で強制的に裁く立場に立たせること、被告人にかかる裁判員の裁きを受けさせる形の国民参加が憲法上許容されるか否かであるのに、判決はその判断を回避している。

憲法に明文がないことの解釈

　判決は、憲法に明文の規定はないけれども、憲法制定の経過、諸外国の例、憲法の民主制等から、憲法は国民の司法参加を禁じるものではないという。しかしここで問われなければならないことは、国民の権利義務に直接関係する司法制度として、無作為に選ばれた一般市民に裁判の仕事を担わせることとする極めて重大な制度設計について、仮に立法過程でそれに関し論じられたことがあったとしても（判決の論じる制定過程の議論の要約が正しくないことは西野教授の指摘するところである）、それでは何故その制度が憲法に明文化されなかったのかということである。下位法である裁判所法三条三項の陪審規定の存在は上位法である憲法を論じるうえでは何の根拠にもならない。そもそこで規定されている陪審がどんなものかも明確ではない。裁判所法にその規定が入れられたのは、陪審制度にこだわる連合軍総司令部側からの強い働きかけがあったからであることは歴史的事実である（西野喜一『司法過程と裁判批判論』六二頁）。判決は、憲法制定議会における担当国務大臣の、陪審問題は「憲法の豪も嫌っているところではない」旨の見解を引いているが、その国務大臣の見解が果たして正しいと言えるものか否か、裁判所法三条三項の規定が合憲か否かは別途検討さるべき問題であり、このような事実や諸外国の例があることなどは問題の本質の検討には何ら関係はないというべきである。最大の問題は、国民を参加させることを至上命題とする制度であるのに、後述のように国民の基本的人権規定にはそのかけらさえないということである。

憲法八〇条は下級裁判所裁判官の任命について定める。一方憲法は「第六章司法」において、最高裁判所と異なり、下級裁判所については裁判官のみで構成される旨を明示した規定を置いていない。判決はその点を、憲法制定過程から見て下級裁判所において陪審・参審制を排除する趣旨とは認められないことの根拠の一つとしている。つまり、最高裁については「裁判官で構成」すること、下級裁判所については、その構成についての規定がないことの文理を、その制定過程を引き合いに出して、裁判官以外の者の参加を排除する趣旨ではないという。それと憲法八〇条とをどう関連付けるかについて、判決は、必ずしも明確ではないが「刑事裁判の基本的な担い手として裁判官を想定していると考えられる」という形で関連付けているようである。

しかし、このように裁判所の構成に関する表現の違いにこだわるのであれば、下級裁判所の構成について憲法は明文の規定を置いていないのであるから、明治憲法五七条のように全て立法政策に委ねられているものというべきであろう。裁判所には裁判官はいてもいなくても良いが、仮に裁判官という役職のものを置くとすればその任命は八〇条によるべきである、全ては立法政策次第であると解さなければ論理としては徹底しまい。そうでありながら判決が基本的な担い手などという誠に曖昧な表現で裁判官の身分を解しているのは、その判断の前提のどこかに、憲法に下級裁判所の構成に関する明文の規定はなくても歴史的に裁判官のいない裁判所はない、裁判所は裁判官によって構成されるという当然の前提があるとの認識を有しているからであることは間違いがない。

我が国では、欧米の陪審・参審制を有する国の歴史とは異なり、クーデターの歴史はあっても、絶対権力者を革命によって倒し或いはその権力の支配を脱し人民が主権を獲得したという歴史がなく、司法制度についても一時裁判官の判断の優位を認めた特異な陪審制が施行された時代はあったが長続きせず事実上消滅してしまっている。我が国のかかる、裁判は裁判所において裁判官が行って来たという歴史的経緯及び日本国憲法内容の策定に強く関わった国が陪審国アメリカであったのに憲法には陪審規定がないことを合わせ考えれば、合衆国憲法修正第六、第七のような陪審の存在を前提とする明文の規定がなく、イタリア共和国憲法一〇二条のような参審制を明記する規定もないということは、下級裁判所は憲法八〇条に定める裁判官によってのみ構成されるものであることを当然の前提としており、それ故に憲法は最高裁のような構成規定を敢えて置かなかったと解する方が、判決の解釈よりははるかに合理的である。そしてその解釈の正当性をさらに強めるのが、裁判官以外に下級裁判所の裁判を担当する者に関する規定が憲法には全く見当たらないということである。判決も述べるように、裁判官以外のものを裁判担当者として選ぶとすれば、一般国民を想定するのが自然であることからすれば、前述のように国民の基本的人権条項に裁判への参加権或いは参加義務規定が存在しなければならない。しかしかかる規定はどこにも見当たらない。

裁判員となることは参政権と同じか

判決は、裁判員制度の憲法一八条違反の上告理由に関連して、「裁判員の職務等は、司法権の行使に対する国民の参加という点では参政権と同様の権限を国民に付与するものであり」と判示する。判決は全体として希代の迷判決であるけれども、その中でもこの部分ほど笑止千万なものはない。裁判員は一部の例外を除き国民の義務として構成されている。自分の日常生活を犠牲にしても裁判員にならなければ行政罰を課され、守秘義務違反、質問票虚偽記載では刑罰まで予定されている。それが国民に対し「参政権と同様の権限を付与するもの」とはどのような思考回路から出て来るのであろうか。

この事件の最も重要な憲法判断を要する部分が、この国民に課した裁判員参加義務の正当性に関するものであるのに、それについてかかる荒唐無稽な判示をして、この制度にお墨付きを与えようとする最高裁の態度には、それでもお前は本当に最高裁なのかと問いかけたくなる。

司法と民主主義との関わり

判決は、国民の司法参加を「刑事裁判に国民が参加して民主的基盤の強化を図る」ものと評する。また、国民の司法参加は、民主主義の発展に伴って裁判の国民的基盤を強化しその正当性を確保しようとするものであり、その流れが広がり陪審制、参審制が採用された旨判示する。

国民が司法に参加することがいかにも民主主義の流れに沿うものだということのようである。ところが、我が国を含め多くの民主主義国家において、最高裁のいわゆる「裁判の基本的担い手」が「裁判官」とされるのは何故であろうか。現に我が国の裁判は、決定命令を含めればその九九％余は職業裁判官によってなされている。もし司法に国民が参加し民意が反映されるべきであるとか、国民の司法参加は司法の国民的基盤の強化を目的とするものであり、いわば国民の司法参加がなければ国民的基盤が脆弱だと言わんばかりのことを言いながら、ほとんどの裁判が裁判官によってなされていること、その基本的な担い手が裁判官であるというのはおかしくはないであろうか。

私は以前「裁判員制度に見る民主主義の危うさ」と題する論稿を発表した（「週刊法律新聞」二〇〇八年五月三〇日号）。兼子一教授のいわゆる司法ジレンマ論や、今関源成教授の「一般にはむしろ司法は政治部門の組織原理である民主主義によって支配さるべきではない」

との意見は、司法に民主主義を持ち込むことの危険性を説くものである。憲法七六条の裁判官の独立の規定はその原理の表われと解される。

欧米が陪審・参審制を持ち込むことになった歴史的流れには民主主義的意識が働いていたことは間違いないであろう。しかし、それが司法の本質から見て正当なことなのかについて十分な検討が加えられたものとはとても考えられない。陪審の本場英米においてもその制度への批判は従来からあり（ジェローム・フランク『裁かれる裁判所』、棒剛「イギリスにおける陪審制批判の系譜」『刑事司法への市民参加』など）、ドイツではプロの裁判官による参審制の評価の低いこと（『ジュリスト』№一一九八、二〇〇一年四月一〇日、一七〇頁）、フランスでは陪審員候補者として召喚されても仕事を休むより罰金を払って出頭しない方が経済的だとする市民が少なくないと言われる状況にあること（前同『ジュリスト』一七一頁）からも窺われるように、国民参加が司法の国民的基盤の強化に貢献するなどとはとても即断できることではない。判決が各国の司法への国民参加制度に触れ、それについて我が国の制度の憲法判断の参考とするのであれば、その運用の実態、特にその制度についての批判意見を十分に検討することが必要であろう。判決にはもとよりそのような形跡は全く見られない。

裁判員制度が適正な刑事裁判の諸原則に適合するとの理由

判決は、その立論の流れとして、裁判員法による裁判員制度の具体的な内容が適正な刑事裁判を実現するための諸原則に適合するか、そこに憲法に違反する点があるか否かを検討している。裁判員制度の憲法判断をなすについては、かかる立論の間違っていることは前に詳述した。

　それはさて置き、その判示は、裁判員の選任及び選任後において不適任者と目される者を排除できること、法令の解釈等は裁判官に委ねられ、それには裁判員は関与できないこと、評議においては裁判官が法令の説明をして分かり易いものとすることなどによって裁判員の職責を十分に果たすことができる仕組みになっていることなどから、憲法が定める刑事手続の諸原則は確保されるという。これは要するに、裁判官が裁判員に対し懇切丁寧に説明しリードするから問題はない、憲法には違反しないということである。

　裁判員制度が司法の国民的基盤の強化に資するという判決の立場と、この裁判官が裁判員にしっかり説明しリードすることとはどのように結び付くのであろうか。それは、職業裁判官が優位にあって裁判を全体的に支配しているから問題はない、裁判官は裁判員に教えるもの、裁判員制度は国民に対する教化そのものであって、司法の国民的基盤の強化につながるようなものでは到底ないことを自認しているといえるのではないであろうか。

憲法七六条三項との関係

　判決は、憲法七六条三項違反の主張について、憲法が一般的に国民の司法参加を許容しており、裁判員法が憲法に適合するように法制化したものである以上、裁判官が時に自らの意見と異なる結論に従わざるを得ない場合があるとしても、それは憲法に適合する法律に拘束される結果であるからその違反の評価を受ける余地はないと判示する。その点の補強として、裁判官は裁判の基本的担い手としての権限を有していることを掲げ、評決でも必ず裁判官一名以上が多数意見に加わっていることを必要としていることからも問題にならないという。

この問題は、裁判員裁判の規定上、裁判官が裁判員の判断に拘束される場面が出てくることは憲法七六条三項の裁判官の独立条項に違反しないのか、このような事態も招来される裁判員制度自体が憲法に違反しないのかというものである。

これに対する上記の判示は、憲法に違反しない法律に基づくものだから憲法に違反しないということであり、西野教授も説かれるとおり循環論法に近い。かかる論理を展開することになったのは、前述のとおり、具体的制度設計の憲法上の検討を怠って、抽象的に、司法への国民参加を論じるという、合憲判断を導き出すための作為としか考えられないような判断過程を選択したからである。

ここで問われているのは、司法への国民参加が一般的に仮に合憲だとしても、制度設計としてその参加した国民の意見に裁判官がその意に反して結論として従わなければならない事態が生じることになった場合に、それは憲法七六条三項に違反しないのかということである。それ故、国民の司法参加を一般的に合憲としている以上違憲ではないというのは、この上告理由に対して答えたことにはならない。この点は前述のとおり司法審でさえ最終意見書で「憲法（第六章司法）」と特に例示し検討を促しているのに判決はその判断を怠ったということである。

裁判員は基本的に法律の素人である。裁判には裁く基準が必要である。短時間裁判官から講釈を受けたところで、合理的疑いを超えた有罪の心証と疑わしきは罰せずという場合の「疑い」の境界のような判断をおいそれと出来る筈はない。事実認定と言っても、今目の前にあるものが何かを言い当てるものではなく、証拠法則に従った評価を経て出される結論であり、そこには証拠法則の理解と訓練が必要である。憲法は、「裁判官はその良心に従ひ独立して職権を行い、この憲法及び法律にのみ拘束される」と定める。裁判員は憲法も法律も知らない素人である。素人の判断基準は、憲法でも法律でもない、その各人の生活歴から出て来るいわゆる常識或いは単なる感覚的、感情的なもの、いずれにしても曖昧なものであり、その裁判員の判断に裁判官が拘束されるということは、憲法七六条三項が求めている「憲法と法律にのみ拘束される」裁判ではないと言わざるを得ない。「国民が参加した場合であっても、裁判官の多数意見と同じ結論が常に確保されなければならないということであれば、国民の司法参加を認める意義の重要な部分が没却されることになりかねない」との判示は、司法制度改革審議会において示した最高裁の意見（第三〇回司法制度改革審議会議事録及びその添付資料記載の「憲法上の問題を考慮すると参審員は評決権を持たないものとするのが無難である」）からすれば雲と泥の違いがあるばかりではなく、その理由付けは、裁判官の独立が脅かされるのではないかとの疑問に対し、いわば脅かされることがあっても国民の司法参加が優先されるべきだということであり、明らかに憲法七六条三項を無視することになる。裁判員の意見を参考として、最後は裁判官の多数意見で裁判官が責任を持って判決するという前記最高裁が述べた司法審での意見のような制度設計でもあれば別として、国民の司法参加を認めたことによって裁判官が時に素人である一般国民の意見に従うこととなるような制度設計は明らかに憲法七六条三項に違反する。そうであれば、その点は制度の根幹に関わるものであり、かかる制度設計に基づく裁判員制度は制度全体が憲法違反になると判断さるべきこととなる。裁判官が裁判員の意見に拘束されることが全くないという事態になったのでは国民参加の意義の重要な部分が没却されるとの判示についての批判は前記の裁判官の独立より国民参加を優先させるものとの批判がそのまま当て嵌まるものであり、憲法の定める司法制度を覆滅させることを認めることに通じる。

最高裁の国家観と人権感覚

先にも触れたが、裁判員として職務に従事することが憲法一八条の苦役に当たるか否かについての、その判決の、前述の異常な「参政権同様の権限論」以外の苦役に当たらないとする判決の理由付けは、要するに辞退に関し柔軟な制度を設け、その職務に関し負担軽減のための経済的措置が講じられているからという。要するに、制裁の規定はあっても実質的には強制はされていないし、それなりの利益も与えられているではないかということである。

私は、この点の判示に、最高裁の国家観、国民の基本的人権についての価値観が如実に示されていると考える。

　国民が裁判の場において裁く立場に立たされた国民の心情を最高裁判所の裁判官はどのように捉えているのであろうか。一定の条件に該当する者は辞退出来、或いは排除される。中には人生一度きりの貴重な体験だと喜び勇んで参加しようとする人もいるであろう。たまたま失職している、良いアルバイトになるといって参加する者もいるであろう。しかし、以前に最高裁が行った意識調査の結果も示しているように、多くの人は裁判員制度について拒否的意向を示しており、現に調査票が送られたこと自体に脅え、呼出状におろおろし、何を言い、何を書けばそのような仕事から逃げられるかと真剣に思い悩んでいる。私も何度かそのような人々からの相談を受け、話を聞いた。裁判員経験者の中にも、もうこりごりだ、二度としたくないと明言している人もいる。人が人を裁く場に立つことと参政権の行使とをごっちゃにしてしまう裁判官の感覚では到底理解できないことであろう。それでも国家はかかる国民を何故に国家の行為である裁判に駆り出さなければならないのか。

「すべて国民は、個人として尊重される。生命、自由及び幸福追求に対する国民の権利については、公共の福祉に反しない限り、立法その他の国政の上で、最大の尊重を必要とする」と憲法一三条は規定する。これは国家と国民との関係を示す憲法の最重要規定であり、全ての国策はこの規定を常に念頭に置いて定められなければならない。

　国民が裁判に参加しなければ公共の福祉は害されるか。これまでの裁判は国民が参加しないで運営されて来たし、現に九九％余の司法判断は国民の参加なしになされている。国民が裁判員とならなければ公共の福祉に反する、他に迷惑をかける事態になるなどということはあり得ない。裁判員となることを強制することは憲法一三条に明らかに違反する。判決はそのことに全く思いを致していない。そこに最高裁の、国民の権利よりは国策尊重つまり国家主義的国家観と人権感覚が示されている。

裁判員となることは苦役か

その意味では改めて裁判員となることが苦役か否かを論じる意味もないかも知れない。しかし、それが苦役であることは紛れもない事実である。一定の条件によって裁判員の辞退の認められる者、排除される者以外のものの中で、前述の、なりたい者、なっても良い者（本来はこれらの者は裁判員不適格者として排除されるべきであろう。裁判は単なる見世物ではないし、暇つぶしの場でもないからである）を除き、なりたくない者を罰則の脅しをかけて裁判員にさせることが「苦役」と言えるかがここで問われているのである。人間にとって、自分の欲しないことを無理矢理させられるほど嫌なことはあるまい。それは飲めない酒を無理に飲まされるようなもの、高所恐怖のものを崖の上に立たせるようなものである。長時間法廷に釘付けにされ、聞きたくもない話に付き合わされ、見たくない物を見せられ、果ては人を刑務所に送り込んだり、絞首刑を命じさせられたりすることが苦役でなくて何であろうか。裁判は、裁く者にとっても裁かれる者にとっても本来は苦役の場である。裁判官は裁くことに苦しみや痛みを感じないのであろうか。これが参政権の行使と同じだという感覚は、到底理解できないものである。

その他の憲法違反

判決は、苦役に当たらないとの判示に続いて「裁判員又は裁判員候補者のその他の基本的人権を侵害するところも見当らないというべき」と判示する。

憲法一三条違反のことは既に触れた。最高裁のホームページの裁判員制度に関するQ＆Aに、裁判員の身分について「裁判員は非常勤の裁判所職員であり、常勤の裁判所職員と同様に国家公務員災害補償法の規定の適用を受けます」と記している。国家公務員法二条には「裁判官その他の裁判所職員」は特別職の国家公務員であると規定している。判決も、前述の「苦役」判断において触れているように、裁判員は旅費、日当、宿泊料を受ける（裁判員法一一条）。憲法二二条一項は「何人も、公共の福祉に反しない限り、居住、移転及び職業選択の自由を有する」と定める。裁判員は有償の公務員という立派な職業である。かかる職業に就くか就かないかは本人の選択に委ねられるというのがその憲法の定めではなかろうか。国民はいつから公務員になる義務を背負うことになったのであろうか。国家が国民に対し公務員の職に就くことを強制する正当性はどこからも出てこない。判決にはその点の判断は全く示されていない。このような義務が無批判に容認されることになれば徴兵制の合憲判断も極めて容易になる。国民に対し裁判員となることを強制することは明らかに憲法一八条に違反する。

以上に見て来たとおり、裁判員制度は、日本国憲法上容認し得ない、正に違憲のデパートであることは明らかである。

おわりに

判決は、末尾第四項で、「裁判員制度は司法の国民的基盤の強化を目的とするものであるが、それは国民の視点や感覚と法曹の専門性とが常に交流することによって相互の理解を深め、それぞれの長所が生かされるような刑事裁判の実現を目指すものということができる……長期的視点に立った努力の積み重ねによって我が国の実情に最も適した国民の司法参加の制度を実現していくことができるものと考えられる」と判示する。

この判示は、裁判員制度を違憲と主張する上告理由に対する憲法判断とは全く関係のないいわゆる蛇足であるが、極めて重要な記述と考える。それは、最高裁の、裁判員制度の定着と発展に対する並々ならぬ意欲、つまり国家の政策目的実現を目指す政治的発言そのものだからである。

竹崎博允最高裁長官は二〇〇九年年頭の所感において「法曹三者がそれぞれの立場で国民と接することにより制度の目指した刑事裁判が実現されるよう努めていく必要があると思います。

一つの新しい司法文化を創るといっても過言ではない大きな制度です」(「週刊法律新聞」二〇〇九年一月一日号）と、制度発展への意気込みを示している。

私は、以前、裁判員制度の広報に関する最高裁の活動は問題であり、「私たち国民が最高裁を頂点とする司法機関に望む最大のものは、行政、立法機関とは常に距離を置き、常に批判的立場に立って、国民の権利を守ることに徹することである。最高裁が行政機関と同様の宣伝広報活動に力を貸すことはその本来の使命に反する」と述べた（「週刊法律新聞」二〇〇七年九月一四日号、本書三七頁)。しかし、その後も最高裁は大々的に裁判員制度の広報宣伝活動を続けて来た。最高裁長官に制度推進派の竹崎東京高裁長官が一足飛びで就任したこと、制度推進の立場をとる日弁連から推薦された裁判官はそれに反する意見は述べにくいことなどからすれば、竹崎長官のような意見を述べる者が多数最高裁裁判官に就任することは火を見るよりも明らかなことであった。今回の判決に加わった一五名の裁判官は、いずれも裁判員法が成立した以後に最高裁裁判官に就任したものである。冒頭に今回の判決の結論は予想されたものであり何ら驚くには当たらないと記したのは、以上の状況の認識があったからである。

江戸時代までの裁判は、行政の一部門が担当し、三権分立も司法権の独立もなかった。明治憲法になって、現在とは比較にならない弱い裁判官の身分保障を定められた（旧憲法五八条二項)。そのような状況下でも司法には大津事件における裁判のような行政に対峙する確固とした裁判を生んだ歴史がある。しかし、今回の判決は、憲法が司法に対し裁判官の独立と違憲立法審査権とを明文をもって保障しているのに、その地位と権限を放棄し、立法行政機関に追随する結果を招いた。それは明らかに三権分立を定める近代憲法の精神を自ら否定したものと評さざるを得ない。まさに江戸時代以前への逆行である。

裁判員制度は、司法の国民的基盤の強化などというものではなく、人権を無視しても国民を強制的に国策に服させる国家主義の表れ以外の何ものでもないのに、最高裁は行政と一体になり、国民の司法参加という一見民主的に見える表現を活用して、その目的を達しようとしたものである。

ここまで判決を検討して来て思うことは、誠に信じ難いことではあるが、最高裁は裁判員制度を初めから合憲と結論付けるために、巧妙に論法を組み立て、国民の目を欺こうとしたのではないかという疑いが残ることである。私はこの判決について先に希代の迷判決という言葉を用いた。しかし、ここにもう一つ付け加えたい。この判決は、司法のあるべき姿を瓦解させこの国を暗黒の世界へ導く導き手だということを。

2　裁判員裁判控訴審の事実審査について
――最高裁第一小法廷二〇一二年二月一三日判決の意味するもの

はじめに

最高裁判所大法廷が二〇一一年一一月一六日裁判員制度合憲判決を言い渡してのち、二〇一二年一月一三日には第二小法廷が裁判員制度による審理裁判を受けるか否かについて、被告人に選択権を与えないことの違憲性を否定する判断を示し（『判例時報』二一四三号）、また、同年二月一三日には第一小法廷が裁判員制度に絡んで刑事訴訟法三八二条に定める「事実誤認」に関し判断を示し（『判例時報』二一四五号）、最高裁判所はその裁判員制度に向き合う姿勢を立て続けに明確にした。前記大法廷判決については、私は既にその判決の誤りを指摘し、裁判員制度の違憲性は拭うべくもなく明らかであることを論じた（ウェブサイト「司法ウオッチ」二〇一二年六月一日から連載、本書一三〇頁以下）。

その大法廷判決をそのまま引用して、被告人の制度選択権を認めないことにつき違憲ではないと判断した前記第二小法廷判決は、その理由において引用している前記大法廷判決そのものが到底容認し得ないものであって、その容認し得ない理由は既に詳細に述べていることでもあり、また、私は被告人に制度選択権を与えたところで裁判員制度の違憲性が解消されるとは考えないので、今回はその判決には触れない。

刑訴法三八二条に定める事実誤認について触れた前記二月一三日判決（以下「一小判決」という）については、大久保太郎元裁判官が、その内容が三審制の危機をもたらすものと捉え、その判断の危険性を指摘しており（雑誌『正論』二〇一二年八月号、二四四頁。なお、大久保氏は夙にこの問題の発生を憂慮していた（「週刊法律新聞」一八二〇号「裁判員制度の実施を憂慮する（上）」））、私もその判断は我が国の刑事裁判制度の根幹を揺るがしかねない重大な問題を含んでいると考えるので、以下その点を中心に論じたいと思う。

なお、『法律時報』同年八月号は「裁判員制度と新しい刑事手続の現在」と題する特集を組み、田淵浩二教授が本稿と同じ問題を取り上げているが、その取り上げ方は主として一小判決の刑事訴訟法上の分析とその射程距離に関するものであり、私の問題意識とは、裁判員制度に対する認識の違いからであろうか、かなり相違がある。

公訴事実と裁判の経過

一小判決が摘記した公訴事実は、ほぼつぎのとおりである。

被告人は平成二一年（二〇〇九年）一一月一日マレーシアの空港で覚せい剤合計約一kgの入ったチョコレート缶三缶をボストンバッグに入れて成田空港まで運び、税関職員にそれを発見されたというものである。

被告人は当初から覚せい剤輸入についてその認識はなかったと一貫して否認していた。

被告人は、当初別送品申告書には他人から預かった物はないと申告していたが、その後そのチョコレート缶は「向こうで人からもらった」と述べ、誰からもらったかと問われて「イラン人らしき人」と答えた。荷物に関する確認票には「チョコレート缶、黒色ビニールの包み、菓子数点」と記した。黒色ビニールの包みの開披については、当初は企業秘密を理由に拒否したが、後には開披に同意した。そこには偽造旅券三通を含む五通の名義人の異なる旅券が入っていた。その後チョコレート缶内に覚せい剤三袋が確認されたので、税関は被告人を覚せい剤取締法違反、関税法違反の疑いで逮捕した。

一審千葉地裁（裁判員裁判）は、この公訴事実について、違法薬物の認識はなかったという被告人の弁解を排斥し得る間接事実はないとして被告人に対し無罪を言い渡したが、原審東京高裁は、結論として被告人の弁解は信用できず違法薬物の認識はあったとして有罪と判断し、一審判決を破棄し懲役一〇年及び罰金六〇〇万円、覚せい剤没収の刑を言い渡した。

第一小法廷判決の判示内容

この控訴審判決に対し、前記上告審最高裁第一小法廷はつぎのとおり判示した。

「刑訴法は控訴審の性格を原則として事後審としており、控訴審は第一審と同じ立場で事件そのものを審理するのではなく、当事者の訴訟活動を基礎として形成された第一審判決を対象として、これに事後的な審査を加えるべきものである。第一審において、直接主義・口頭主義の原則が採られ、争点に関する証人を直接調べ、その際の証言態度等も踏まえて供述の信用性が判断され、それらを総合して事実認定が行われることが予定されていることに鑑みると、控訴審における事実誤認の審査は、第一審の行った証拠の信用性評価や証拠の総合判断が論理則、経験則等に照らして不合理といえるかという観点から行うべきものであって、刑訴法三八二条の事実誤認とは第一審判決の事実認定が論理則、経験則等に照らして不合理であることをいうものと解するのが相当である。したがって、控訴審が第一審判決に事実誤認があるというためには、第一審判決の事実認定が論理則、経験則等に照らして不合理であることを具体的に示すことが必要であるというべきである。このことは、裁判員制度の導入を契機として、第一審において直接主義・口頭主義が徹底された状況においてはより強く妥当する」

第一小法廷の判断

一小判決は、この刑訴法三八二条の解釈を前提とし、「原判決は……被告人を無罪とした第一審判決について、論理則、経験則等に照らして不合理な点があることを十分に示したものとは評価することができない」として原判決を破棄・自判し、控訴を棄却した。

この一小判決には白木勇裁判官の補足意見が付されている。その要旨は、「これまでの刑事控訴審の審査の実務は、事後審を意識しながらも事実認定、量刑について自らの心証を形成させ、それと一審のそれとを比較し、そこに差異があれば自らの心証に従って一審判決を変更する場合が多かったように思われる。この運用は、当事者の意向にも合致し定着して来た。原審もこの手法に従って審査を行ったようにも解される。しかし、裁判員制度施行後は、そのような判断手法を改める必要がある。ある程度幅を持った認定、量刑が許容さるべきことの了解なしには裁判員制度は成り立たない。第一審の判断が論理則、経験則等に照らして不合理なものでない限り許容範囲内のものと考える姿勢を持つことが重要である」というものである。この白木意見は「裁判員裁判における第一審の判決書及び控訴審の在り方」、九四頁以下の記述と瓜二つである。

刑事上訴審の事実審査のあり方に関する議論と運用の実情

刑事控訴審の事実審査のあり方については、前記『判例時報』二一四五号の一小判決コメントにも記されているように、多くの論文が発表されている。また、白木裁判官の前記補足意見にも記されているように、これまでの控訴審は心証形成の相違を基準として控訴審の心証を優先させる取扱いが当事者の意向にも合致するものとして定着して来た（その原因については船田三雄「控訴審における事実審査のあり方」『法曹時報』三四巻一〇号、一一頁以下において検討されている）。因みに、白木裁判官は、最高裁判所刑事局長や東京高等裁判所長官を歴任し、陪審制度研究のためイギリスに派遣された経歴を有する。

刑訴法三八二条の事実誤認審査に関してこれまで様々な見解が示されて来たとは言え、実務としてはほぼ前記白木裁判官の認識のとおりの運用が行われて来たことは間違いがないと思われる。本来憲法審、法律審である最高裁判所においても、刑事訴訟法四一一条三号を適用して事実誤認により原判決を破棄し、自判するケースもあった。例えば、平成二一年四月一四日第三小法廷判決の平成一九年（あ）第一七八五号事件、六〇歳の被告人（防衛医科大学校教授）にかかる強制わいせつ被告事件（『判例時報』二〇五二号、一五一頁）は広く知られている。この事件では、最高裁は一、二審の記録に基づき原審の事実認定は論理則、経験則等に照らし不合理であるとして原判決を破棄し、被告人に対し無罪を言い渡した。二名の反対意見が付されている。堀籠幸男裁判官は「刑訴法は刑事事件の上告審については原判決に違法又は不当な点はないかを審査するという事後審制を採用している。上訴審で事実認定の適否が問題となる場合には、上訴審は自ら事件について心証を形成するのではなく、原判決の認定に論理則違反や経験則違反がないか又はこれに準ずる程度に不合理な判断をしていないかを審理するものである」との意見を述べ、結論として「多数意見はA（被害者）の供述の信用性を肯定した原判決に論理則や経験則等に違反する点があると明確に指摘することなく、ただ単に「Aが受けたという公訴事実記載の痴漢被害に関する供述の信用性についても疑いをいれる余地があることは否定し難い」と述べるにとどまっており、当審における事実誤認の主張に関する審査の在り方について、多数意見が示した立場に照らして不十分と言わざるを得ない」と述べ、上告を棄却すべきと主張し、田原睦夫裁判官も最高裁昭和四三年一〇月二五日判決（いわゆる八海事件第三次上告審判決）を引用し、堀籠裁判官とほぼ同じ立場に立って上告を棄却すべき旨主張した。

今回の一小判決は、この第三小法廷判決の少数意見の立場を控訴審に当て嵌め、第一小法廷全体の意見としたものと解される。

白木裁判官が前記のとおり補足意見で述べたこれまでの控訴審の事実誤認審査の運用が、今回の一小判決のごとく、また、前記第三小法廷（強制わいせつ事件）判決の少数意見が説く最高裁判所における事実誤認審査の立場に変更されたと言い得る状況になったのは何故か、それは正当なことかがここで取り上げる問題の中心である。

刑事上訴審事実審査基準の変化

一小判決が述べる「このことは裁判員制度の導入を契機として、第一審において直接主義、口頭主義が徹底された状況においてはより強く妥当する」との判示、白木裁判官の前記「しかし、裁判員制度施行後はそのような判断手法は改める必要がある」との意見から明らかなように、この控訴審における審査の手法に関する最高裁の判断の変更つまり心証比較説から論理則、経験則違反具体的明示説への変化は、裁判員制度の施行を強く意識したものであることは間違いがない。

刑事上訴審の事実審査の有り方について、事後審（査）という講学上の言葉を、不動、唯一の固定概念のように受け止め、それゆえに審査の枠、方法、質を限定することは刑事訴訟の正しい有り方とは考えられない。刑事訴訟は、刑事訴訟法一条が法律の目的として規定しているように「刑事事件につき、公共の福祉の維持と個人の基本的人権の保障とを全うしつつ、事案の真相を明らかにし、刑罰法令を適正且つ迅速に適用実現することを目的とする」ものであり、控訴審に関する法令についてもその目的に常に適合するように解釈されなければならないことは当然である。

刑事控訴審の事実審査の有り方について、諸説ありながら、大方のこれまでの実務の運用が前述のように「事後審を意識しながらも自らの心証を形成させそれと一審のそれとを比較し、そこに差異があれば自らの心証に従って一審判決を変更する」という弾力的なものであり、その運用が「当事者の意向にも合致」していたのは、かかる運用が前述の刑事訴訟の目的に適うと考えられて来たからである。一小判決の判示する「論理則、経験則等に照らして不合理であることを具体的に示すことが必要である」とは言っても、もともとその論理則、経験則というものは「人間の生活体験から帰納的に得られる合理的法則であって、それぞれその確実性の程度を異にしている」ばかりではなく、「法則の存在及びその確実性の程度いかんについても裁判官の合理的判断に委ねられている」（船田三雄「刑事控訴審における事実審査」『判例時報』

一三二一号、一九頁）ものである。

ところが、一小判決は、これまでのかかる刑事控訴審の審査の有り方は許されない、一審判決の事実認定が論理則、経験則等に照らして不合理であることを具体的に示さなければならない、単なる心証比較論ではいけない、それは、一審において直接主義・口頭主義の原則が採られ、争点に関する証人を直接調べ、その際の証言態度等も踏まえて供述の信用性が判断され、それらを総合して事実認定が行われることが予定されているからであり、このことは裁判員制度の導入を契機として、第一審において直接主義・口頭主義が徹底された状況においてはより強く妥当するという。

事実審査基準変更の正当性

この理由は、果たしてこれまで刑事控訴審の事実審査の方式を変える根拠として正当性があるであろうか。これまでも一審では直接証人の取調べを行い、その供述態度、発生の抑揚、表情、間合いなど、必ずしも記録に表れない、或いは表しにくい部分をも加味してその供述内容を把握し、事実認定が行われて来た。その事実認定を行う者は、控訴審担当裁判官と同様に高度の法律知識を持ち訓練を受けた経験豊かな職業裁判官であった。それでもその裁判官の事実認定について、控訴審裁判官は、記録に基づき、原則不服申立ての範囲内とはいえ、独自に心証を形成し、下級審の認定事実と異なる認定に到達したときには原判決を破棄し、差戻し或いは自判して来た。そのことは最高裁においても承認され、前述のとおり最高裁自身が法律審、事後審であることを意識しながら記録に基づいて心証を形成する作業を行って来た。

一小判決がここに至って論理則、経験則等に照らして不合理であることを具体的に示さなければ、控訴審裁判所は一審判決の認定を覆すことは許されないと判示したのは、裁判員制度が施行されたこと、本件一審判決が裁判員裁判によるものであったからであることは明らかかと言える。この一小判決、特に白木補足意見はいわゆるラフジャスティス、アバウト裁判の容認と解されるものであるところ、それは今回の裁判員法制定に際して刑事訴訟法一条には何ら手が加えられなかったことを踏まえれば、刑事訴訟法上到底容認し得ない意見である。

直接主義・口頭主義重視の前提

控訴審の事実審査について、いわゆる事後審構造を今後も保つべきものとし、第一審尊重を唱える立場においても、「事実問題においても第一審公判中心主義の理想が充実して行われることが前提とならなければならない。第一審の充実は、個々の事件が充分に審理されることは当然のこととして、これを担当する裁判官にも経験豊かな者をあてることが必要であり、また、当事者である検察官、弁護人及び被告人が第一審において攻撃防御を尽くすことが必須の前提となる」と述べる（船田三雄、前掲『法曹時報』一四頁）。

国家、社会、組織のいかなる分野であれその機能を十分に発揮するためには、各部署にその職務に最適の人材を選び配属することが必要である。それはまた決して容易なことではない。とりわけ司法の場においては、それを担う法曹の選別、養成が如何に重要かは、国家が歴史的にその法曹養成に如何に尽力してきたかを見れば明らかである。人を裁く者、つまり民事・刑事を問わず人の生命、自由、財産等基本的人権を直接左右する職務を担当する者は、憲法七六条三項を待つまでもなく憲法・法律を理解し、身命を賭して職務を遂行し、独立の気概を持つ人格識見優れた人材でなければならない。憲法七六条三項はその当然のことを定めたものであり、凡そ国家が人を裁く場合に裁く行為に関わる者の当然に守るべき事項を条文化したものと解されるものである。その要件に該当しない者は裁き人の資格はない。

裁判員は、基本的に選挙人名簿から無作為にくじで選ばれる一般人である。歴史的には陪審、参審の例があり、現在もその制度を採用している国がある。しかし、ここで予断を抱かずに考えて見て欲しい。裁判という重要な職務を担当する者がくじで選ばれる、つまり原則誰でも良いという発想は、本来は許されないことではなかろうか。裁判員は基本的には一部の例外を除いて誰でも良いということと同じである。憲法も法律も知らないいわゆる素人である。勿論、その中には稀に裁判官以上に人格識見豊かな人材もいるであろう。しかし、人格識見が優れていれば人を裁くことができるか、前述のように、人を裁くという重大な行為を人格識見が豊かでありさえあれば、法律知識がなく裁判について何の訓練も受けていなくも可能か、訓練を受けた者と対々で議論ができるかといえば、誰が考えたところで、それは無理な話というのではなかろうか。無理でないというのであれば、何故に多額の国費と労力を費やして法曹を養成するのか。裁判員法一条に掲げる「裁判員が裁判官と共に刑事訴訟手続に関与することが司法に対する国民の理解の増進とその信頼の向上に資する」という文言は、仮説としても科学的根拠のない、経験則、論理則に反する限りなく妄想に類することである。

大法廷判決の裁判員適格論

最高裁大法廷は、前記裁判員制度合憲判決において、「問題は、裁判員制度の下で裁判官と国民とにより構成される裁判体が刑事裁判に関する様々な憲法上の要請に適合した『裁判所』といい得るものであるか否かにある」と前置きし、裁判員制度はくじによって選ばれた者でも選任のための手続において不公平な裁判をするおそれがある者は除かれる仕組みになっており専断的忌避の制度があること、途中の解任制度もあることによって「裁判員の適格性が確保されるよう配慮されている」と述べる。

裁判という重大な行為において責任ある行為をなす者の選任の母体が前述のとおり衆議院議員選挙権を有する者という広大なものであり、そこから無作為にくじで選ばれた者の中から、前述の裁き人として適格性のある者を、前述のスクリーニングで選び出すこと、不適格者を排除することは本当に可能なのであろうか。裁判長にそのような人を選別する能力があるのであろうか。

この最高裁の判示は、裁判員制度を何としても合憲と言わなければならないために、裁判員には不適格者の選ばれる余地はない、裁判員に選ばれたものは皆適格者なのだと強弁しているに過ぎないものである。

裁判官による裁判と裁判員参加裁判の違い

これまでの一審裁判は、合議、単独ともに経験豊かな裁判官が担当して来た。そうであっても控訴審の事実審査は心証比較説がむしろ当事者の意向にも合致するものと解されて来た（前掲白木補足意見）。前述のとおり、裁判員裁判における裁判員は、言うまでもなく裁判には全くの素人である。直接主義・口頭主義により証人や被告人の供述を直接自分の耳で聴くことができたところで、それをどのように理解するかは全く不安定であることは間違いがない。直接主義・口頭主義が実を上げるためには、前述のとおり、証人の証言や被告人の供述を証拠法則、経験則、論理則に従って冷静に、且つ全人格を傾注して理解する作業が必要である。素人が、証人の証言等を直接聞くとは言っても、その証人の証言等がどのようなバックグラウンドのもとになされたものか、言外に含むものはないか、証人等は完全に自分の認識した事実を正しく表現しているかなどを適切に把握することが一体可能なのであろうか。そのような素人が評議において適切に自己の意見を述べ、判断に反映させることができるだろうか。そのことが科学的に正当なものとして検証可能でなければ、つまり聴く耳を持ち正しく表現できる者による裁判であることが検証されなければ、直接主義・口頭主義を全うしたとは言えないのではないか。評議についての厳格な秘密主義のもとではその実現は絶望的といってよい。

裁判官三人が裁判員を指導し教示するから大丈夫だとは言っても、裁判の本質的部分であり、本来プロにとっても困難な作業である事実認定について、その指導、教示によって直ちに適切に対応し得ることになるなどということも経験則、論理則に照らせば有り得ないことである。そうであれば、これまでの一審裁判と変わるところはない。仮に一審判決に裁判員の意見が多少でも反映されることがあるとすれば、経験豊富な裁判官によらない事実認定であることによりその危険は高まり、控訴審はその認定について不服を申し立てられたならば、全記録とその紙背にあるものを探り出しても独自の心証を形成する必要性が高まる。

つまり、控訴審は、一審が裁判員裁判であればなおのこと、その一審判決については自らの心証を形成し差戻し或いは自判することが求められるということにならなければおかしい（西野喜一『司法過程と裁判批判論』二一頁は、刑事訴訟法の目的とする実体的真実主義の立場から「裁判員制度下の控訴審には、問題点を多く孕むことになりそうな一審判決の過誤を修正するという重要な機能が期待されていることが挙げられる。その機能を果たすには自判が最も適切である」とし、また、前記大久保元裁判官は前掲「週刊法律新聞」の論稿で「国民の多数は、裁判員の参加した裁判であっても、それが適正妥当であるかどうかを控訴審裁判官がその良心に照らし判断することを願っていよう」と述べる）。

一小判決の前記判示中に「直接主義・口頭主義の原則が採られ、……それらを総合して事実認定が行われることが予定（……）されて（……）いる（……）」と記しているところからすれば、一審の実態がいかなるものであれ、一審では直接主義・口頭主義が理想的に実践されているものと信じて、控訴審の事実審査は行われるべきものだということと解される。裁判員制度が導入されれば、さらにその実践は確実になるという信仰がそれに加わる。しかし、直接主義・口頭主義の実態、特に裁判員裁判におけるものは前述のように控訴審が端から直接主義・口頭主義による審理が行われたものと解し得るものではないこと、むしろ裁判官のみによる審理よりも、その実質からはかけ離れたものとなる危険性が高いことは明らかなのである。一小判決は、一審の審理や裁判員裁判を余りにも理想化し、実態に目を瞑り、実体的真実発見の刑事訴訟の目的を軽視しようとしているものと解される。

一小判決の示す原審判決の審査内容

一小判決は、原判決に論理則、経験則等に照らして不合理な点があることを具体的に示さなければ事実誤認があるとは言えないと判示し、原判決が一審判決を覆した理由について逐一検討している。

この事件の結論を左右するのは、被告人の違法薬物の認識がなかったという供述の信用性の評価であり、一審千葉地裁（裁判員裁判）判決は信用出来ないわけではないと認め、原審東京高裁は被告人の弁解は信用し難いと判断したということである。上告審は、原審の、信用し難いとして掲げた論拠について一々検討を加え、変遷する被告人の供述は一般には供述の信用性を大きく減殺する事情としながらも、被告人の最終的弁解についてこれを排斥するのに十分なものとは言えず、「一審判決のような評価も可能である」と判示する。

もとより記録に当たったわけではないのでかかる検討についてその是非を論ずる立場にはないが、ここに記述されていることによっても、何故に被告人の最終的弁解を排斥しなければ被告人の弁解を排斥できないのかについては疑問が残る。原審のこの部分についての判示は、被告人の弁解が二転三転し、最後に捜査員からマレーシア渡航費用の支弁者の存在を指摘されて、苦し紛れにいわゆる最終弁解に至ったというのであるから、その弁解自体も措信し得ない、被告人の供述は虚偽の塊だとして、被告人の弁解を全て排斥したとも解されるものであり、そのことは何ら不合理なことではなかったのではないかとも考えられる。

一小判決は、被告人の逮捕時の言動（それがどの範囲のことを指すのか定かではないが、その前後と捉えて）それ自体を取り上げて、違法薬物の認識がなかったとしても説明のつかない事実ではないと判示しているが、原判決の挙示する事実関係を見れば、その言動のみによって違法薬物の認識があったとは断定し得るものではないにしても、覚せい剤発見後直ちに逮捕された際偽造旅券について言及せず、動揺することもなく素直に逮捕に応じたという状況は、限りなく覚せい剤の所持についての認識を疑わせる重要な事実であろう。「必ずしも説明のつかない事実であるとはいえない」と軽視し得る事実とは思われない。

一小判決は、被告人が最終的弁解に持ち出した、被告人への金銭交付者（D）を意図的に隠した点について被告人の故意を裏付ける事情とみた原判決も理解できないわけではないとしながらも、被告人の違法薬物の認識がなかったとしても相応の説明ができる事実といえると判示する。一小判決の掲記する事実関係を見ると、このDという人物は覚せい剤輸入事件で公判中の身の者であって、マレーシア人（C）（被告人は当初「イラン人らしき人」と述べていた）から受け取った覚せい剤の最終的受領予定者（B）への橋渡し役の人物のようである。このDの存在を明らかにしなかったのは、被告人としてはこれを明らかにすれば被告人の被疑事実である覚せい剤の所持の認識を捜査官から強く疑われると思ったからであろう。しかし、それはこのチョコレート缶内に違法薬物があることの認識があったればこその反応であって、その認識がなければDの名前を初めから出しても差し支えのないことではなかったか、それを秘匿したのは、やはり違法薬物の認識があったからであり、その疑いは極めて濃厚であるとの心証を抱いたとしても経験則上何らおかしくはない。

その他一小判決は、原審及び一審判決を論点ごとに子細に分析し、「必ずしも不合理ではない」「不合理な点があるとはいえない」「理解できないわけではない」「説明のつかない事実であるとはいえない」「相応の説明ができる事実」という用語を反復して用いて、一審判決（裁判員裁判判決）を救済しようと努めた形跡が極めて濃厚である。心証比較説による事実審査であれば明らかに救済し難い一審判決を、敢えて救済している感が極めて強い。一小判決は、何故にこれまでの控訴審の事実審査基準を変更し、一審尊重に涙ぐましいとまで思われる努力をしなければならなかったのであろうか。

その謎を解く鍵は、白木裁判官が図らずも吐露したつぎの言葉に表されている。「裁判員裁判においては、ある程度の幅を持った認定・量刑が許容されるべきことになるのであり、そのことの了解なしに裁判員制度は成り立たないのではなかろうか」。ラフジャスティスでなければ裁判員裁判は成り立たないことを認識しつつ、ラフジャスティスを容認しても裁判員制度を何とか維持させたいという熱意、情熱の発露が、この一小判決の生みの親であったと思わざるを得ない。言いかえれば裁判員制度のためならば刑事訴訟の大原則を曲げることをも厭わないという、前記大法廷判決の裁判員制度維持に寄せる並々ならぬ情熱と軸を一にする表現である。裁判官がこのように国策維持、推進の意思を明確に打ち出すことは許されるのであろうかとの疑念を抱く。

刑事訴訟の実体的真実主義と一小判決

しかし、それは果たして刑事訴訟法の目的に適い、当事者ひいては一般国民が刑事裁判制度に思い描いている姿に合致するであろうか。「刑事訴訟法は一般法であり、裁判員法は特別法であるとはいえ、裁判員審理の対象となる事件では実体的真実主義が損なわれてもよいということは、刑事訴訟法も裁判員法も予定していないことであろうから、裁判員審理の場合であってても刑事訴訟法第一条の理念は十分に認識、実践されなければならない。ここまではまず異論はないものと思う」と西野教授が説かれるところ（前掲『裁判員制度批判』二〇四頁）、何とこの一小判決は異論を唱えているということになる。刑事訴訟法一条の立場からは「ある程度の幅を持った認定・量刑」（前記白木補足意見）を許容する余地はない。その意見は裁判員制度推進の熱意の余り勇み足的に刑事訴訟法一条に違反する独自の見解を述べたとしか受け止め得ない。かかる白木意見と実質的には同一の発想の一小判決も容認し得ないものと言わざるを得ない。

破棄理由に関連して

ただし、ここで一つ断っておかなければならないことがある。最高裁大法廷判決（刑集一〇巻七号、一一四七頁）は、「第一審判決が犯罪事実の存在を確定せず無罪を言い渡した場合に、控訴裁判所が何らの事実の取調をすることなく、訴訟記録並びに第一審裁判所において取り調べた証拠のみによって直ちに被告事件について犯罪事実を確定し有罪の判決をすることは刑訴法四〇〇条但書の許さないところである」と判示する。

本件の控訴審が新たに事実の取調をしたかどうかは一小判決からは窺われない。被告人質問をしたかどうかも分からない。上告理由中にこの判例違反の主張があったか否かは不明であり、一小判決は原審のこの無罪判決破棄自判の判例違反については全く触れていないので、原審は最低でも被告人質問をした可能性はあるけれども、いずれにしても無罪判決を破棄し、有罪、実刑を自判することは被告人の審級の利益を害する可能性があり、その点の原審の対応についてはいささか疑問が残る。

刑事訴訟法三八二条の事実誤認にかかる審査の基準とは別の視点、つまり前記の一審無罪事件について有罪の自判をしたという手続の点或いは本件は一審が無罪の判決のなされた事案であり検察官の立証が合理的疑いを超えて有罪の心証を原審裁判官に抱かせるに足るものであったか否かという視点などから原判決を審査検討し、それに関する理由によって上告審が原判決を破棄し自判したというのであれば、特にここに問題として論ずる必要はなかった。

おわりに

一小判決の控訴審事実審査の有り方に関する判示、またそれが裁判員制度の導入を契機としてより徹底されるべきであるとの判示は、今回は、たまたま被告人に有利に働いたけれども、多くの場合は被告人の不服審査の機会を狭め、被告人に不利に働く危険性が大きく、この一小判決は大久保元判事も説くように刑事三審制を崩壊させるだけではなく、刑事裁判の根本を揺るがしかねない危険がある。

問題は、刑事控訴審の事実審査基準について、従来の審査基準を変更してまで裁判員制度を維持存続させたいという最高裁判所の姿勢である。そのもたらすものは刑事訴訟法一条の上位に裁判員法を置くことであり、それは刑事裁判そのものを覆滅させることにつながる。

東京弁護士会会長は、一小判決について二〇一二年二月二三日「本件最高裁判決が本件控訴審判決の誤りを正したことは、直接主義・口頭主義を徹底し、刑事訴訟における無罪推定原則に忠実におこなわれた第一審裁判員裁判の判断を尊重する姿勢を最高裁が示したものというべきであり、その意義を評価する」との声明を発した。この声明は、裁判員制度維持尊重の立場に立ち、一小判決の判示していない「無罪推定原則に忠実」との表現を敢えて用いているばかりではなく、裁判員裁判における直接主義・口頭主義の実質にも配慮しない誤った意見と評さざるをえない。この声明は、上記の意見に引き続いて、第一審が有罪判決を出した場合に言及し、「控訴審は検察官の立証が合理的な疑いを差し挟む余地がない程度に尽くされているのかどうかをあらためて吟味しなければならない。……本件最高裁判決は、そのような場合にも控訴審が第一審判決を尊重すればよいという考えを示したものとは解されない」と述べる。

一小判決が、第一審が有罪判決を出した場合は、今回この一小判決が打ち出した刑訴法三八二条の解釈とは異なる解釈をとるべきである或いはとることになるなどと一体どこで述べているであろうか。この会長声明は、本件一小判決の打ち出した解釈について、何の根拠もなく、一小判決に対し独自の制限的解釈を施し、つまり善解して、この一小判決を援護射撃しようとしているものであり、何とも理解し難いものである。

この一小判決に接した原審東京高裁の裁判官は、この判決についていかなる感想をもったであろうか、期待し得ることではないが腹蔵なく話して貰いたい思いがある。一小判決の説くところは尤もだと納得したであろうか。この一小判決が、今後控訴審裁判官が良心に従った裁判をしようとする場合に無言の重圧となることが懸念される。そのことが恐ろしい。

裁判員裁判の弊害は、公判前整理手続における実質非公開性、その手続に長期間を要することによる事件の滞留、被告人の身柄拘束の長期化、起訴状一本主義の形骸化、証拠提出制限による立証活動の不十分さ、裁判員の便益のみを考えた拙速、被告人軽視等々挙げればきりがないほどあり、それによって刑事裁判はあるべき姿からどんどんかけ離れて行っている。

二〇一二年七月三〇日大阪地裁（裁判員裁判）が、姉を刺殺した四二歳の被告人（男性）に対し求刑の懲役一六年をはるかに上まわる懲役二〇年を言い渡したことが大きく報道された。被告人はアスペルガー症候群の障害のある者であるが、裁判所は内省のないまま社会復帰させることの危険性を量刑理由に挙げたと聞く。そうとすれば、裁判の本質である理性を欠いたポピュリズムそのものではないか。裁判員に対する、精神に障害のあるいわば社会的弱者である被告人の人権よりも社会秩序の維持・強化を優先させる方向への意識の強化策として、裁判員制度は見事に機能を果たしたことの典型と言えるのではなかろうか。裁判員制度の議論において当初から懸念されていた感情優先の重罰化が現実化したとも評し得る。

この一小判決の展開する議論は、これらの裁判員裁判の生起する諸問題にとどめを刺すほどの重みがある。

世上、裁判内容に国民の健全な社会常識を反映させることが裁判員制度の目的であるかのように言われるが（司法制度改革審議会意見書Ⅳ、第一、一など）、それは夢物語か、国民を裁判員制度に参加させるための詐術的表現である。裁判員を裁判に参加させることは、そのような目的のためではなく、国民を国家の行為に駆り出し、治安維持のための訓練をさせること以外には考えられない（『法律のひろば』二〇〇五年六月号司法制度改革推進本部事務局長山崎潮氏（故人）発言等、拙稿「裁判員制度の危険性」「週刊法律新聞」一八二二号）。裁判員制度に賛成し、推進しようとする立場は、その裁判員制度の真の狙いを容認するということである。

刑事裁判を崩壊させるだけの効果しかない裁判員裁判は即刻廃止さるべきであると改めて確信をもって言える。

3　被告人の裁判員裁判選択権否定の憲法問題について
――刑事被告人は裁判員制度のモルモットで良いのか

はじめに

これまで私は、裁判員制度は刑事司法の本来のあるべき姿に反するものであり、憲法の認めないものであるとの立場から、被告人の裁判員裁判の辞退権或いは制度選択権と言われるもの（以下「選択権」という）について論じることはしなかった。選択権を論じる或いは認めることは裁判員制度の存在を容認することであり、それは裁判員制度全否定という私の立場とは矛盾すると考えていたからである。裁判員制度について二〇一一年一一月一六日最高裁大法廷が全員一致で合憲判決（『判例時報』二一三六号）を下したとは言っても、その判決は到底容認し得ない内容のものであり（拙稿「最高裁の裁判員制度合憲判決を批判する」ウェブサイト「司法ウォッチ」に二〇一二年六月から九月まで八回に亘りその理由を詳述した、本書一三〇頁以下）、現在でも裁判員制度を容認するものではないが、最高裁第二小法廷は二〇一二年一月一三日裁判員法が被告人の裁判員裁判選択権を否定していることについて合憲判断を示し（『判例時報』二一四三号、一四四頁）、曲がりなりにも運営されている裁判員裁判を、被告人の意向とは関係なしに、さらに推し進めようとしていることは、刑事裁判の本質にかかわる重大な問題ではないか、また、仮に裁判員制度が合憲の制度だとしても、我が国の殆どの法律判断が裁判官によってなされており、また、戦後これまでは今回裁判員裁判対象事件とされた犯罪類型についても裁判官裁判によってなされてきたことを考えれば、この段階で突如その対象事件が裁判官裁判によらず裁判員裁判のみによることとすることは、裁判員制度そのものの憲法問題とは別個の憲法問題として検討されるべき問題ではないかと考えて、以下に論ずることとした。

制度選択権をめぐる意見

司法制度改革審議会（以下「司法審」という）意見書Ⅵ、第一(3)は、「被告人が裁判官と裁判員で構成される裁判体による裁判を辞退することは、認めないこととするべきである」とし、その理由は「新たな参加制度は、個々の被告人のためというよりは、国民一般にとって、あるいは裁判制度として重要な意義を有するが故に導入するものである」からという。

重要な意義とはどのような意義なのかの直接の言及はない。文脈からすれば、司法への国民の主体的参加を得て、司法の国民的基盤をより強固なものとして確立するという意義を有することではないかと思われる。意見書はさらに、一般の国民が裁判の過程に参加し、裁判内容に国民の健全な社会常識がより反映されるようになることによって、国民の司法に対する理解・

支持が深まり、司法はより強固な国民的基盤を得ることができるようになると敷衍する。

司法審ではこの結論に至る過程で若干議論をした形跡がうかがわれ、その議論の傾向としては、当初選択権を認めるものが多かったけれども、最終的には井上委員が第五一回審議会において「訴訟手続への新たな参加制度骨子（案）」というたたき台の説明を担当し、その中で「司法への参加ということは被告人のためというよりは国民一般にとり、あるいは裁判制度として意義のあることだから導入するのだとしますと、訴訟の一方当事者である被告人に裁判員の参加した裁判体による裁判を受けることを辞退し、裁判官のみによる裁判を選択させるということは認めるべきではないということになるのではないか。これらの点も、皆さんの大方のご意見であったように思われるわけです」と説明し、委員の賛同を得た形になっている。ただし、藤田耕三委員は「私は個人的には、選択権があれば合憲性はクリアーできるんじゃないかというふうに考えていたんですが、選択権は認めないということでおおよその合意ができたということになりました。しかし、これも制度設計のときにもう一遍考えてみてもいいんじゃないか」との意見を述べている。

その井上委員の説明の文言が、前述の司法審最終意見の表現に殆どそのまま採用されるに至った。しかし、裁判員制度そのものの憲法問題の議論、それも司法審構成委員一三名中法律の専門家は委員長を含めて七人ということもあってか殆ど深まらず、ましてこの選択権については憲法問題として論じられることは全くなかった。

被告人の裁判員制度選択権についての学説としてはつぎのものが見られる。

西野喜一教授は、「被告人に、裁判員が加わった裁判を辞退する自由があるのであれば事情は転換し、被告人の承諾の下で実施されるものとして、裁判員による裁判の合憲性は肯定できるであろう。……憲法を改正しないままでどうしても裁判員制度を導入したいというのであれば、憲法違反の疑義を避けるためにも、そして当の被告人自身が納得し得る制度にするためにも、被告人に裁判員による裁判を辞退する自由を是非とも認めるべきである」と論じる（『裁判員制度批判』一〇〇頁以下（引用している文献記録参照））。

椎橋隆幸教授は、「裁判員が加わった裁判がラフな事実認定と重い量刑の結果となる恐れがある場合に、現在既に被告人に保障されている裁判官による裁判（精密な事実認定と公平で統一した基準による量刑）を奪うことには大きな疑問がある。国民一般にとって、あるいは裁判制度にとって重要な意義を有するという理由は、被告人が現在有している裁判官のみによる裁判を受ける権利・利益を奪う正当な根拠としては十分とは思われない。……選択権を認めるべきであろう」（「裁判員制度が克服すべき問題点」『田宮裕博士追悼論集』（下）一一九頁以下）と述べる（同教授は最高裁判所の裁判員制度の運用に関する有識者懇談会の座長を務めている）。

土井真一教授は、そもそも刑事事件の場合には「公平な裁判所の迅速な公開裁判を受ける権利がある」と定められていても、厳密な意味での選択の自由を保障するものではない。刑事被告人が裁判を受けること自体は義務である。被告人の適切と考える構成の裁判所における裁判を受ける権利を保障するものではない。もし被告人に辞退を認めて裁判所の構成に関する憲法上の制約を回避することを容認するのであれば、理論上は、本人の同意さえあれば、刑事事件についても行政官のみによって構成される裁判所による非公開の裁判も認めざるを得なくなる。裁判所の構成は、公権力の行使に関わる国家機関の組織に関する問題であって、公権力行使の対象となる個人の主観的選好に委ねなければならない事項ではない。審議会意見書の意見も憲法上尊重さるべき、憲法政策あるいは立法政策上の見識である旨説く（『岩波講座 憲法〈4〉』二七〇頁、一部要約）。

安念潤司教授は、「裁判員制度が憲法上必要的でないことは明らかであるから、被告人の辞退権は当然立法政策上検討されなければならない。常本照樹氏は「憲法三二条が保障する『裁判を受ける権利』を『より良く』保障しうるのはどの制度かという観点から考察する必要がある」と指摘する。……しかし、……すべての人にとって『良い』制度などありそうにない以上、被告人に裁判員による裁判を辞退する自由を認めるべきと考える」と説く（「自由主義者の遺言：司法制度改革という名の反自由主義」『憲法論集――樋口陽一先生古稀記念』創文社、三八一頁）。

国会の審議においては、裁判員法案に、被告人に制度選択権を与えない趣旨の明文の規定が置かれていないことにもよるのであろうか、殆ど議論された形跡はみられない。僅かに、二〇〇四年四月七日の衆議院法務委員会の与謝野馨委員と山崎潮政府参考人（元司法制度改革推進本部事務局長）との応答がみられるだけである。しかし、その僅かな応答は、この裁判員制度導入についての国側の本音を垣間見ることのできる貴重なやり取りと考えられるものである。

与謝野委員は、まず、憲法上保障されている被告人の公正な裁判を受ける権利というのは専門裁判官を前提にしていると想像される、「私が裁判を受ける場面に陥った場合は、私自身はやはり専門裁判官だけで裁判をしていただきたい。なぜ被告人は選択権を持たないのか」と質問したのに対し、山崎参考人は、まず前掲の司法審意見書の「国民一般にとってあるいは裁判制度として……」の表現を引用し、陪審・参審の例を挙げて説明している。与謝野委員はさらに、「戦前の陪審制度というのは、多分、被告の方の選択権を認めていたんではないかと思いますが、うがった見方をすると、被告の方に専門裁判官だけの裁判あるいは裁判員制度による裁判という選択権を与えると、みんな専門裁判官の方の裁判を選択して、裁判員制度自体が成り立たなくなる、戦前の陪審制度もだんだんみんなが使わなくなっちゃった、そういうことを危惧してこういう制度を採用されたのか。……本質的な問題として選択権というものはないということの方が正しいとお考えになったのか」と質問した。これに対し山崎参考人は、「ただいま御指摘の点につきましては、やはり辞退の権利を与えるということになりますと、利用されなくなる、そういう心配も片やあったと思います。したがいまして、今回導入する制度につきましては、陪審の形態ではなく参審の形態をとっている、これは日本の国情に合うだろうということでございまして、考え方として、やはりプロの裁判官も入って判断しているので、そこで被告人の権利として辞退を認めるということにすべきではない。それからまた、仮にした場合には、戦前と同じような失敗を繰り返す可能性もある。両方の理由があったんだろうというふうに私は思っております」と答弁している。その答弁には、国情に合うとはどういうことなのか、プロの裁判官が入ればなぜ被告人は辞退が認められないかの説明はなく、曖昧な点はあるが、実に率直に制度の本質やその成案に至る内幕を吐露している。

その他の意見としては、裁判員制度をめぐる座談会において佐藤文哉氏が、「裁判員が加わっても憲法上の裁判所になるとは思うのですが、六人ということになると実質的にみたときに、果たして憲法の予定しているところの裁判を被告人に保障しているか」「被告人が不安を抱いても『制度の問題なのだから』と選択の余地を認めなくていいのかという疑問がある」と述べ、井上正仁氏、大川真郎氏、田口守一氏との間で若干議論になっている（『ジュリスト』№一二六八、二〇〇四年六月一日、四四頁以下）。

髙橋和之教授は、司法制度改革審議会中間報告をめぐる座談会で「憲法問題をクリアーするためにはいくつかのポイントがありますが、一つは被告に選択権を与えたらどうかということが考えられます。参審制を入れるけれど、それは被告人が選べますよということであれば、本人が選ぶわけですから、憲法上の裁判を受ける権利という点からは一応説明はつきます。……参審制の場合に選択制を入れると理論的に、あるいは実態的に何か不都合はあるのでしょうか。

選択制も可能ならば、それは一つの考慮要素になりうるように思います」と述べている（『ジュリスト』№一一九八、二〇〇一年四月一〇日、六二頁）。

雑誌『世界』は二〇〇八年六月、七月号において「裁判員制是か非か」と題して賛否両者の討論内容を掲載した。その六月号の中で「被告人の辞退を認めるべきか」の論点について賛否両者は激しくやり合っている。司法審の意見書中、裁判員制度が「被告人のためというよりは」と表現していることに関連し、松尾邦弘氏が「刑事手続が被告人のためじゃなかったら憲法違反ですよ」、高山俊吉氏はそれに対し「なぜ『被告人のためというよりは』という表現になったのか」と問い、松尾氏は「被告人の利益という視点はそもそも刑事裁判制度の前提におかれている」と答え、高山氏は「それならば被告人の辞退を認めるべきだと思います」、西野喜一氏は「被告人の辞退を認めないことは被告人の利害を二の次にしている」と述べ、これに対し佐藤博史氏は「論理的にそうならないと思います。戦前の陪審制が被告人の辞退を認める制度だったことも制度衰退の理由だったわけですし、重大事件について裁判官制と裁判員制という二つのメニューが在りえるのか」、高山氏「アメリカでは選択できます」、佐藤氏「違います。正確に言うと、アメリカでも検察官も同意しないと裁判官裁判にならない」、高山氏「二つの道があるのはおかしいというから二つの道があると言った」との応答が見られる。

以上の選択権に関する論説や議論は、憲法上の問題が数多く指摘されている裁判員制度（西野教授は「違憲のデパート」と表現した）について、その問題を現実化させない一方便として主張され、或いは立法政策の一選択肢として妥当なものか否かが論じられているものであって、選択権そのものについては憲法問題が独立して論じられることはなかったと思われる。

そこに現れたのが前掲最高裁二〇一二年一月一三日第二小法廷判決（以下「二小判決」という）である。

第二小法廷が新たに被告人に対し選択権を与えないことについて憲法判断を示したことは、その結論及び理由付けの正当性はさて置き、選択権の問題が裁判員制度の憲法問題とは別個の憲法問題を含むものであることを認識していたということであり、その限りでは評価し得る。裁判員制度が仮に合憲の裁判制度としても、被告人にその制度の辞退、選択を認めるか否かは、やはり慎重に憲法との関連性を考慮しなければならない問題であり、選択権を認めれば制度自体が成り立たなくなるという便宜的理由で見過ごされて良いような問題ではないということである。

同判決は、「憲法は刑事裁判における国民の司法参加を許容しており、憲法の定める適正な刑事裁判を実現するための諸原則が確保されている限り、その内容を立法政策に委ねていると解されるところ、裁判員制度においては、公平な裁判所における法と証拠に基づく適正な裁判が制度的に保障されている」ことをもって被告人に選択権を与えないことの合憲の理由とする。さすがに、選択権を認めれば被告人は裁判官裁判を選択し裁判員制度は崩壊してしまう恐れがあり、裁判員制度を維持することは被告人の利益に優先すべきであるからとか、或いは司法審意見書が掲記する、この制度は本来被告人のためというよりは他の目的があり、その目的は被告人の選択を認める余地のないほどの公益性があるからなどとは理由付けしていない。本稿のこの選択権の憲法問題についての検討は、この理由の正当性の検討から始まる。

前掲最高裁大法廷判決は、「刑事裁判を行うに当たっては、これらの諸原則が遵守されなければならず、それには高度の法的専門性が要求される。憲法はこれらの諸原則を規定し、かつ、三権分立の原則の下に「第六章　司法」において、裁判官の職権行使の独立と身分保障について周到な規定を設けている。こうした点を総合考慮すると、憲法は刑事裁判の基本的担い手として裁判官を想定していると考えられる」と判示する。

この「基本的な担い手」とは一体何を意味するのであろうか。私は、前掲の大法廷判決批判の中で、この点について「判決が裁判の基本的な担い手などという誠に曖昧な表現で裁判官の身分を解しているのは、その判断の前提のどこかに、憲法に下級裁判所の構成に関する明文の規定はなくても歴史的に裁判官のいない裁判所はない、裁判所は裁判官によって構成されるという当然の前提があるとの認識を有していることは間違いがない」と説いた（第三回、本書一三七頁）。

大法廷判決はその理由を、裁判官によって構成されない裁判所はないけれども、かかる裁判官が裁判体に加わって公平性、適正性が担保される制度であれば陪審制・参審制のような国民参加型裁判形態をとるか否かは立法政策の問題であるということに結びつけている。

二小判決は、これをさらに推し進めて、被告人に国民参加型裁判と裁判官裁判との選択を認めるか否かも立法政策の問題であると結論付ける。

明治憲法によって我が国に近代的裁判制度が施行されてから一〇〇余年、現憲法施行後六〇年余の間、我が国の裁判は裁判官によって行われ（陪審法施行時においても裁判官は陪審の判断に拘束されなかった）、現に司法判断作用の九九・九％、地方裁判所の刑事訴訟事件の九八％超が裁判官裁判によって行われている。

かかる裁判制度の歴史において、二〇〇九年五月から突如一部刑事事件いわゆる指定事件については、その被告人は裁判官以外の素人が加わった裁判でなければ裁判として受けることが許されなくなった。

二小判決は、前述のとおり大法廷判決を引用して、裁判員裁判にも裁判官が判断に加わり公平性・適正性が担保されているとしてその裁判を受けることを被告人の義務とすることは憲法三二条、三七条違反にはならないという。

そこでまず、裁判官裁判と裁判員裁判との違いを見てみよう。もし、裁判官が裁判体に加わっているから裁判官裁判と実質変わりがないということであるならば、裁判員は参加してもしなくても変わりがないということになる。それは裁判員裁判の否定の理論であるから、かかる主張は裁判員制度推進論者であってもとても口にはできないことであろう。

裁判員が加わることによって裁判が変わる、つまり憲法七六条三項によって良心に従い独立してその職権を行うことが求められる裁判官が、裁判官ではない素人の意見によって自己の判断を左右されるということになれば憲法七六条三項違反であり、裁判官失格になるばかりではなく、そのような裁判は憲法の要求する公正な裁判所ではないと言わざるを得なくなる。つまり、裁判官裁判と裁判員裁判とどこが違うかと問われた場合、制度推進論者は違うとも違わないともまともには答えられない筈である。

限界事例ではあろうが、現裁判員制度によれば、裁判の評決は裁判官と裁判員との多数決による、但し裁判員グループの判断には少なくとも一名の裁判官の賛成がなければならないとされる（裁判官グループの判断についても裁判員一名以上の賛成がなければならない。裁判員法六七条一項はそのように解されている）。そうとすれば、裁判員四名以上裁判官一名の結論が有罪、裁判員〇ないし二名、裁判官二名が無罪のときには、判決は有罪と決せられる（西野前掲、一〇六頁）、つまり裁判官だけによる裁判であれば無罪の者が、裁判員裁判では有罪になるということがあり得る。現実にどうかということではない。制度の仕組み上そのような結果もあり得る以上、裁判官裁判と裁判員裁判とは異なる性質の裁判体であることを否定することはできない。

さらに、この評決に至る過程はブラックボックスの中のことであり、それに関与した者は厳しい守秘義務により評決の内容を明らかにすることは許されない仕組みになっている。

以前、拙稿（「裁判員裁判控訴審の事実審査について」「司法ウォッチ」二〇一二年一〇月から二〇一三年一月まで、本書一七二頁）でも触れたが、二〇一二年七月三〇日大阪地裁の裁判員裁判でアスペルガー症候群と診断された被告人が懲役一六年の求刑に対し懲役二〇年の判決を言い渡され、社会的に大きな反響を呼んだ。この判決において、裁判員はどういう意見を述べ、裁判官はどういう意見を述べたかということは明らかではない。裁判員裁判の実態を知るためにはどうしても明らかにしてほしいことではあるが、前述の守秘義務によりそれが明らかにされることはない。

その判決の理由がふるっている。アスペルガー症候群の犯罪者が内省のないまま社会復帰をさせれば再犯が心配である、出所後の再犯を防ぐ社会的受け皿が整っていないから、検察官求刑以上の刑務所における長期の拘束が必要だということである（新聞報道）。間違いなく評議の中で出た量刑理由であろう。そして裁判官のうち少なくとも一名はこれに賛同したということである。裁判官が、裁判員、現実には裁判所の大切なお客様に気を遣い、その意見を尊重するという場面があったのではないかとも推察される。

大法廷判決も二小判決も、裁判員裁判には裁判官が関与するから公平且つ適正な裁判が行われる制度上の保障が十分に保たれていると言うけれども、かかる制度の秘密性からしても、裁判員裁判が公平性、適正性が制度として客観的に担保されているものであることを科学的に実証する手段はない。大法廷判決も二小判決も、ただ裁判員裁判の公平、適正神話を信じているだけである。

裁判官裁判が常に公平、適正に行われているかといえば必ずしもそうとは思われないが、裁判官に任ぜられた者には、その身分の保障があり（憲法八〇条）、良心に従い独立してその職権を行使し、憲法と法律にのみ拘束されることが義務付けられる（憲法七六条三項）。何より、顕名で裁判をしなければならないことにより、自己の判断について被告人及び国民に対し責任の所在を明確にすることが求められる（刑事訴訟規則五五条）。一方、裁判員は、裁判員法第一〇一条により名も素性も一切が秘密である。要するに、その裁判について責任を問われることはないということである。被告人の一回限りの貴重な人生について、国家権力の側に立って決定的判断をなす者が、その判断について責任を全く問われないということは、被告人からすれば無責任な裁かれ方をされるということである。それでもなお、最高裁は、裁判員制度は裁判官が加わっているから公平、適正な刑事裁判を担保する制度であると強弁するのであろうか。

憲法三二条、三七条によって被告人に対し保障されている裁判所は、間違いなく憲法第六章に規定されている裁判官によって構成されているところの、被告人に対しそして国民に対し裁く立場の者の責任を明確にし得る裁判所を言うのである。それ故にこれまでもその裁判形式によって裁判が行われ、現に殆どの裁判がその裁判形式で行われている。裁判員裁判が制度として公平性、適正性が保障されているからとの理由は全く根拠のないものであり、それだけでもこの二小判決は否定されるべきである。

次に、仮に裁判員裁判が公平性、適正性が担保されている制度であるとしても、そのような理由のみで、前述のように最高裁自らが裁判官をして裁判の基本的担い手であると認めている裁判官のみの裁判を特定の犯罪類型の被告人に対してのみ受けさせない合理的理由となり得るかという問題がある。

前述のように、憲法が規定している裁判所は、被告人及び国民に対し、責任の所在を明確にし得る裁判官による裁判所である。被告人はかかる裁判所の裁判を受ける権利があるというのが憲法三二条の趣旨である。裁判員裁判は、その憲法の定める裁判官による裁判のほかに、さらに、一つの異形ではあるが最高裁大法廷の「合憲の」裁判形式として持ち込まれたということである。

現在の裁判官による裁判も、公平性、適正性が制度として担保されたものであることは明らかである。裁判員裁判が公平性、適正性が担保されているからという理由だけで裁判官裁判を排除する理由にはならない。国家がその異なる二つの、いずれも公平性、適正性を担保しているとされる裁判形式を予定している場合に、伝統的な、憲法が予定し、現に殆どの裁判で採用されている裁判官裁判を排除させ得るためには、さらに説得力ある理由が必要である。

憲法三二条は「何人も裁判所において裁判を受ける権利を奪われない」と定める。二小判決の合憲判断理由は、裁判員裁判は公平性、適正性が担保されているから、被告人にその裁判形式の裁判を受けさせさえすれば、国家として被告人に対しその権利を与えたということなのであろうが、最高裁が裁判の基本的担い手と認める裁判官のみによる裁判も公平性、適正性が担保されている裁判形式であることは前述のとおりである。憲法三二条、三七条は、改めて言うまでもなく、被告人の義務を定めるものではなく、権利を保障するものである。歴史的に、現実的に、基本的に裁判の担い手である者による裁判形式が裁判の殆ど全てである状況下で、他に素人の参加する裁判形式が定められた場合に、被告人がそのいずれの裁判形式を選択し、排除するかを決定する権利は、憲法三二条、三七条によって被告人に保障されたものと解されるべきである。憲法のその規定はこのような場合にこそ、その存在価値を発揮するとさえ考えられる。それ故、その裁判官裁判を被告人が受けることを希望した場合には、その憲法の規定上それを拒否することは許されないというべきである。

被告人に対し裁判員裁判を受ける権利を与えることによって、国家は被告人の裁判を受ける権利を完全に保障したものであって、裁判官裁判を受ける権利を与えなくても憲法上許されると言い切るためには、裁判員裁判が裁判官裁判と比較して、公平性、適正性、実体的真実発見性、被告人の基本的人権の保障性において裁判官裁判よりも常に絶対的に優ることが実証されなければなるまい。しかし、安念教授も言及するように、そのようなことは有り得ない。裁判員法の定める秘密主義の下ではその科学的正当性さえ証明することは不可能である。それが被告人のための制度として定められたものでない以上はむしろ当然のことである。

さらに重要なことは、裁判員法は刑事訴訟法の特則を定めるものでありながら、刑事訴訟法の目的である「公共の福祉の維持と個人の基本的人権の保障とを全うし、事案の真相を明らかにし刑罰法令を適正且つ迅速に運用実現する」ことに資することを目的とする旨の規定を置いていないことである。このことは司法審意見書が「個々の被告人のためというよりは、国民一般にとってあるいは裁判制度として重要な意義を有するが故に導入するものである」と述べていること、つまり「この裁判員裁判は刑事裁判を良くしようとするものではありません、狙いは別のところにありますよ」と言っているのと同じことを消極的に表現していることなのである。

近代的な、裁判への国民参加の最初の形態はアメリカの陪審制であり、それは、アメリカ植民地に移住した人々が、その移民に対してなされる母国イギリスの圧政に反発して設けられ運営されてきたものであり、それ故に陪審制が国民の権利として定着して来たものであることは周知のことである。独仏伊などで行われているいわゆる参審制も、その変形としてその流れを汲むものであることも明らかである。

つまり、司法への国民参加先進国と言われる国の司法への国民参加は、歴史的・理念的には、国民が権力に反発し、国民を権力から守るものとして発展してきたものである。今回我が国で制度化された裁判員制度にはそのような性格は露ほども存在しない。もともと国民が求めたものではないからである。

裁判員法の国会審議においても、国民の公共意識の涵養などの効果も期待され（野沢法務大臣の一五九回国会参議院法務委員会発言）、前記の山崎政府参考人の「社会的秩序や治安とかの安全を国民みずからも参画して……意識改革をしていただきたい」という発言（『法律のひろば』平成一七年六月号）に見られるように、その狙いは被告人のためではなく国民の公共意識の醸成が主たる狙いであり、司法審の審議の中においても、水原委員をして「裁かれる立場から言うならば、トレーニングの場として裁判が使われるようになったならば、大変な問題になるだろう。場合によっては裁判を受ける側にとっては非常な悲劇になるんじゃないか」（第三二回）と言わしめるような状況であった。

つまり、裁判員制度は、諸外国の司法への国民参加とは出自も性格も全く異なるものだということである。

国民に対する強制的公共意識醸成の場、社会教育・トレーニングの場、意識改革の場として裁判を利用する、そこに被告人を引っ張り出すという構図が裁判員裁判の本質なのである。

指定事件の被告人は未だ犯人として確定している人間ではない。犯人として扱うことの許されない無罪の推定を受けている一般国民である。また、指定事件は単に国民の関心が高く社会的にも影響の大きいというだけで選別されたものである（意見書Ⅳ、第一、一⑶）。その被告人は他の刑事事件の被告人と本質的に区別され得るものでもない。

前述のように、我が国の刑事裁判の殆どが本来裁判の担い手である裁判官によって行われているというのに、指定事件の被告人のみがその機会を奪われるということは憲法一四条の社会的身分による社会的関係における無用の差別であり、且つ憲法一三条の個人の尊重の理念にも反している。

前述のように、学説としても、被告人の選択権を認めるべきだとする意見が強い。僅かに土井教授が司法審の意見を「立法政策上の見識」として受け入れている。

その土井論文については西野教授が全般的に痛烈に批判しているところであるが（西野前掲、二二七頁以下）、前述の土井教授の選択権に関する意見の部分も理解することが甚だ困難なものである。土井教授は「もし、被告人の辞退を認めて裁判所の構成に関する憲法上の制約を回避することを容認するのであれば」というが、これは明らかに見当違いの前提である。有効に訴追された刑事被告人が国家制度としての裁判を受けなければならないことは自明のことであり、それを前提に、憲法は、その場合には被告人は、裁判所以外の裁判や不公平な裁判を受けることを拒否し、憲法が裁判所として認める裁判所の公平な裁判のみを受ける権利があり、それ以外の裁判は拒否できると定めているのである。被告人が裁判所の構成に関する憲法上の制約を回避して自分の選り好みで裁判所を構成し（土井教授は敢えて「選好」という国語辞典では見受けない特殊な用語を用いている）、その裁判体による裁判のみを受ける権利があるなどと論じる者はいない。選択権の問題はそのような問題として捉えられるものではない。上述のように、最高裁自身が基本的な裁判の担い手と認め、現に九分九厘の裁判がその基本的な担い手によって行われているというのに、指定事件のみが何故にその形式の裁判から除外されなければならないのか、それは憲法上も、また刑事司法政策としても許されるのかということである。

司法審意見書が指定事件の被告人に裁判員裁判以外の裁判を受けることを認めなかった理由は、前掲の衆議院法務委員会における与謝野委員と山崎政府参考人との応答において山崎参考人が明らかにしている。要するに、「裁判員裁判は被告人のためのものではない。それ故被告人の意向に関わる問題ではない。被告人に選択権を与えれば本来被告人のための制度ではないのだから被告人が裁判員裁判を選択しなくなることは明らかである。しかしながら国策としてその制度は何としても根付かせなければならない、故に被告人には選択権は認めないこととした」ということである。公平適正な裁判所による裁判であるか否かはさて置き、公平適正な裁判であると看做してこの制度を維持させることが先決であるということが真実の選択権否定の理由なのである。

そのような意図のもとに制度化された裁判員裁判を被告人に強制することは問題であると考えるのは、水原委員や与謝野委員の発言にも見られる、ごく常識的なことではなかろうか。

それでもなお裁判員裁判が憲法の認める裁判所というのであれば、被告人がそのような裁判を受けても良いと思う場合にのみ選択的に利用し得る裁判として辛うじて存在が許されるということになろう。西野、椎橋、安念、高橋各教授がそれぞれ言わんとしていることは、その趣旨ではないかと推察される。

日弁連刑事法制委員会は、二〇一〇年一二月三日、「裁判員制度見直しの要綱試案のために」と題する意見書をまとめ、その中で、被告人による選択権を取り上げている。「裁判員裁判と裁判官裁判の二つの方式の裁判が併存して存在する以上、いずれか一方、自らが望む形式を選択しうることは、それこそ、『公平な裁判を受ける権利』を十全に保障することになる。まさに刑事裁判の手続は被告人のためのものであることからすれば、被告人には裁判員制度の裁判を受けるのか受けないのか、その選択権（拒否権）が保障されるべきである。また、市民感覚が反映されることが期待されるが、時としてその市民感覚が被告人へ向けられて不利に働く危険性がある。そのような市民感覚の『暴走』の歯止めのためにも被告人による選択権が必要といえよう」と記述する。

ところが日弁連は、二〇一二年三月一五日、裁判員法施行三年後の検証を踏まえた裁判員裁判に関する改革提案として「裁判員の参加する公判手続等に関する意見書」等三本の意見書を発表し、これらを同月二二日法務大臣に提出した。これらの意見書中には上述の刑事法制委員会が提起した被告人の選択権の問題は全く取り上げられていない。日弁連が見直し意見作成の過程で、この刑事法制委員会の選択権に関する意見についてどのように議論したのかは不明であるが、結果として日弁連は、裁判員制度に関してはその根幹に触れるような批判意見には耳を貸さない姿勢を示したと受け止められるものであり、まことに遺憾なことと言わざるを得ない。

国家制度としての裁判は、民事にしろ、刑事にしろ、基本的に国家が国民に対し権力機関として強制力を行使する場である。民事裁判においては、その強制力の行使は、私人からの申し立てによる私人間の紛争解決という国家のサービスとして行われるけれども、刑事裁判は、国家が、犯罪の嫌疑をかけられた被告人に対し、公共の福祉の維持、要するに治安の維持を念頭に置き且つ被告人の基本的人権を守りつつ事案の真相にせまることを目的とする国家権力（裁く側）と個たる国民（裁かれる側）とが対峙する典型的な場である。

国家が国民を強制的に裁判員にするということは、間違いなく国家が国民を裁く側、国家権力側に強制的につかせることである。本来権力は民主主義国家においては常に国民に奉仕すべきものである。国民が司法権という国家権力と如何に向き合うべきかについても、その原理は当て嵌まる。

一般国民は、司法権との関わりにおいては、本来その司法権という強大な権力の行使を監視し批判する立場に立つべきものでありこそすれ、その権力の側に付いて、その行使に加担する立場に立つべきものではない。裁判員裁判の場が国民の健全な社会常識の反映の場になるとの意見もありそれについても強い疑問を持つが、それはさて置き、そこが監視の場になり得ると考える者はまずあるまい。いわゆる統治客体意識にどっぷりと浸かった国民の参加によるものであれば当然のことである。討議民主主義からの説明を試みる意見があるが（酒井安行「裁判員制度と国民の生活上の負担」（『刑事司法への市民参加』五四頁））、とても空論としか解し得ない。

前述のとおり、近代的陪審の始まりであるアメリカ合衆国の陪審制は、今も国民の間に根強く残ると言われる権力不信の国民性を背景とし、権力機関である裁判官による裁判を拒否し、自分の仲間と信ずる者に事件の白黒の決着を委ねるという仕組みとして始められたものである。それが司法の本質に照らし果たして正当なことであるか否かは別として、司法への国民参加制度が仮に認められるとすれば、被告人の、権力機関を排除したいという希望を達成する制度としてのみ正当性を保つことができるのではないだろうか。

裁判員制度が、司法審が述べるように、被告人のためというよりは国民一般にとって、或いは裁判制度として重要な意義を有するが故に導入されたものであり且つその制度が本来権力と対峙し批判すべき立場の国民を強制的に権力側に組み込ませて裁判することを本質的な仕組みとするものである以上、被告人としてはそのような目的の制度の犠牲にはなりたくない、そのような目的のモルモットにはなりたくないという要求は必ず叶えさせなければならない。極端な表現になるが、いわば「裏切った仲間の加わった裁判」を拒否する被告人の権利を否定してはならないということである。

前述のとおり、衆議院法務委員会において与謝野委員も「私が裁判を受ける場面に陥った場合は、私自身はやはり専門裁判官だけで裁判をしていただきたい」と述べている。裁判員裁判が、本来は被告人の立場と同じ権力と対峙すべき国民を被告人側にではなく権力側につかせる本質を有する以上、そのような者が裁く側に立つ裁判を受けたくないという被告人の希望は、憲法三二条、三七条の規定上、絶対に守られるべきである。

おわりに

被告人に選択権を与えることによって廃れてしまうような裁判制度であるならば、（しかも多くの国民が裁判員としての参加に消極的な意向を示し、現に多くの事件で出頭率が低下している制度であるならば）そのような制度は国民の信頼を得られていないものというべく、本来存在を認められるべきものではない。この国ではそのような制度を廃止しても何ら不都合なことは起こらない。むしろ廃止したほうが国民の負担を減じ、国家財政にも寄与するところは大であろう。

被告人に選択権を認めれば、裁判員制度という違憲性の強い制度を被告人に強制しないことになるので、結果的にその裁判員制度の違憲性を弱めるという効果はあるかもしれない。しかしながら、選択権の問題は、本来はそのように便宜的に対応されるべき問題ではなく、被告人から選択権を奪うことは憲法三二条、三七条、一三条、一四条に違反するものと言わざるを得ないということである。

これまでこの選択権の問題が憲法問題として単独で取り上げられたことはなかったと思われるので、以上のとおり二小判決が示されてからしばしの時間が経過したところで、卑見をまとめることとした次第である。

4　裁判員辞退の自由を認めた最高裁
――最高裁裁判員制度合憲判決批判補遺

はじめに

最高裁大法廷二〇一一年一一月一六日裁判員制度合憲判決（以下「本判決」という）について、私は先に全般的な批判を試み、その中で、国民の行う裁判員の職務（裁判員候補者の出頭を含む。以下同判決の用語に従う）は憲法一八条の「苦役」には当たらない（原文は「『苦役』ということは必ずしも適切ではない」）と微妙な言い回しをしているが、それには最高裁としての種々の深い配慮があったのかも知れないけれども、結論としては「苦役」であることを否定しているのでかかる表現を使う。以下同じ）、その他の基本的人権を侵害するところも見当たらないとの判示についても批判した（ウェブサイト「司法ウォッチ」二〇一二年六月から九月、本書一三〇頁以下）。この判決については、西野喜一教授もいち早く厳しい批判を展開している（『法政理論』四四巻二・三号）。

この判決は、裁判員の職務が国民に一定の負担を生じさせることは認めながら、要旨つぎの理由により憲法一八条には違反しないと判示している。

①　その職務は参政権と同様の権限を付与するものである。何となれば裁判員法一条に定める制度の導入の趣旨は国民主権の理念に沿って司法の国民的基盤の強化を図るものであることを示すものと解されるから。
②　辞退の類型を定め、自己または第三者に重大な不利益が生ずると認められる相当な理由がある場合には辞退を認めるなど、辞退に関し柔軟な制度を定めているから。
③　経済的負担を軽減する旅費日当等の支給という経済的措置が講じられているから。
というものである。

本判決に先例的価値はあるか

この判決が、裁判員の職務が苦役には当たらないし、「その他の基本的人権を侵害するところも見当たらないというべきである」と判示しているように、裁判員の職務が苦役に当たるか否かは、裁判員（裁判員候補者を含む。以下、本判決の用語に従う）の人権を侵害するものか否か、そこに憲法違反と解されるものがあるかという問題である。本件被告人の上告理由が、苦役に服する裁判員が参加した裁判員裁判は適正手続に違反するものであるというようなものでもあれば別として、単なる憲法一八条違反の上告理由は、被告人の罪責と事実上も法律上も関連のない主張であるから、適法な上告理由には当たらず（松尾浩也監修『条解刑事訴訟法［第一版］』弘文堂、八三七頁）、最高裁としては実体判断に至るまでの必要性はなかったと考えられる。

裁判員の職務が苦役に当たるか、その他国民の基本的人権を侵害するものであるかの判断は、将来生ずるであろう、主として裁判員経験者の提起する過料決定に対する抗告事件、裁判員経験者にかかる守秘義務違反等の刑事事件、或いは裁判員の職務遂行によって生じる精神的苦痛に対する国家賠償請求等の民事事件においてであろうと思われる。本件の判断は、かかる事件の判断ではなく、裁判員裁判を受けた被告人からの上告事件における判断であるから、裁判員経験者を当事者とするそのような人権侵害を理由とする抗告事件或いは民・刑事事件においては先例としての価値を有するものとは解されない。

本判決の不透明性

本来は判断不要であったとは言え、最高裁大法廷が全員一致で裁判員の職務に関して憲法判断を下したことの重みは決して軽くはない。現にその後の最高裁判決は、本判決を引用し、全て合憲判断をしている（平成二三年（あ）一〇八一号一小、平成二三年（あ）九六〇号三小等）。それでは、この判決の存在意義をどのように理解したらよいであろうか。

私は、先に掲記した本判決批判中で、参政権と同様の権限を付与するものとの判示は荒唐無稽な判示であると評した（司法ウォッチ二〇一二年七月、本書一三八頁、西野教授は「殆ど詭弁の世界ではないか」と評している（前掲九三頁））。しかし、この最高裁判決を良く検討して見れば、その判示には単なる荒唐無稽と評するばかりでは済まされない別の顔が見える。

裁判員の職務が憲法一八条の「苦役ということは必ずしも適切ではない」との判示について、私は先の論稿で「裁判は裁く者にとっても裁かれる者にとっても本来は苦役の場である」と述べた（本書一四六頁）。後述の国民の意識調査で裁判員となることに消極的或いは拒否的意向を示している者が約八五％に達していること、裁判員を経験した者の感想として、良い経験だったと述べる者もいる反面、その職務の苦痛を訴える者も数多くいることが新聞報道等からも知ることができること、最近では二〇一三年三月一四日福島地裁郡山支部で死刑判決言渡しのあった事件に参加した裁判員の深刻な心理的負担の告白の報道もあることからして（「河北新報」二〇一三年三月一五日）、私の述べたことは紛れもない事実である。裁判員の職務が苦役か否かという上告理由は、また、その職務が過料という罰則の制裁によって強制される、つまり国民の義務とされることについてそのような義務を課すことが許されるかという問題提起をも含むものであるのに、最高裁はその点にも全く言及せず、ただ、裁判員の基本的人権を侵害するところも見当たらないというべきと結論付けている。

最高裁が苦役には当たらないと判示するその理由部分の原文を目を皿のようにして見ても、そのどこにも裁判員の「義務」、裁判員に対する「強制」という言葉は見当たらない。目を惹くのは「参政権」「権限」という言葉だけである。

裁判員としての不出頭等に過料の制裁を課すこととされているのに、それが参政権と同様の権限を付与するものとの判示批判は前記のとおりであり、繰り返さない。辞退に関し柔軟な制度であるとの判示についてては、問題の本質は、辞退事由には該当しない、要するに柔軟対応のできない人に対して、制裁を加えてまで出頭を迫り、裁判員の職務に就かせることが意に反する苦役に当たるか否かということであるから、その判示は全く理由にも回答にもなっていない。また、旅費日当の支給が何故苦役にならないことに関係するのだろうか。いささかでも慰謝料的役目を果たし、精神的負担を軽くしているからとでも言おうとしているのであろうか。つまり、

全ての理由は悉く曖昧不透明であって理由にはなっていないと言わざるを得ない。つまり、違憲ではないから違憲ではないと言っているのと同じである。

最高裁が、憲法一八条の意に反する苦役とは何か、裁判という国家の行為そのものが苦役に当たるものか否かという本質的な問題に対し、面と向かって論ずることをしなかった、つまり逃げたのは、仮にそれをまともに論ずれば、裁判員の職務が苦役そのものであることを認めざるを得なくなることがわかっていたからであろうと思われる。最高裁は、裁判員がその職務遂行によって心のケアを要する場面の生ずることを予め想定し、そのための対策を講じている（裁判員メンタルヘルスサポート窓口の設置、但し民間委託）。それは、その職務が苦役であることを承知していたことを証している。つまり、最高裁はその判示に説得力がないことを承知の上で敢えて判示したという、裁判所としては絶対に見せてはいけない顔がうかがわれるのである。

無理な合憲判断

最高裁は「参政権同様の権限」の枕詞に「国民主権の理念に沿って」と記述しているけれども、かかる意見は学説としては少数派に属する（拙稿「裁判員制度を裁く」司法ウォッチ二〇一一年九月〔第一回、本書一〇一頁〕）。国民参加が民主主義に基づく国民の権限だということにでもなったら、裁判の全ては素人参加がなければ国民的基盤がないことになってしまう虞があるし、国民が参加を要求すればそれを拒否することはできないことになりはしまいか。その点からしても、この最高裁の判示は到底是認し難い。

学説の中には、国民が裁判員となることが国民の義務であることを認めたうえで、それを憲法上何とか正当化しようと努力をする人々もいる（緑大輔「裁判員制度における出頭義務・就任義務と『苦役』」一橋法学二〇〇三年三月一〇日、同「裁判員の負担・義務の正当性と民主主義」『法律時報』七七巻四号、四〇頁、柳瀬昇「裁判員制度の憲法理論」『法律時報』八一巻一号、六二頁ほか）。その結論は到底承服できないけれども、問題に真摯に向き合おうという姿勢そのものは評価し得る。最高裁は、そのような合憲論が通常とるべき論法を回避して、裁判員職務の独自の無理な合憲論を展開したということである。

その行き着く先はどこか

裁判員の職務が苦役ではない、参政権同様の権限だ、辞退も柔軟にできる、と言われたら、裁判員候補者に選任された一般国民はその言葉をどう受け止めるだろうか。二〇一二年一月の最高裁「裁判員制度の運用に関する意識調査」（最高裁ホームページ登載）における「あなたは裁判員として刑事裁判に参加したいと思いますか」との質問に対する回答は、「あまり参加したくない」四二・三％、「義務であっても参加したくない」四一・一％、その合計は八三・四％であり、これは前年の八四％とほぼ同率、前前年八〇・二％より増えている。「参加したい」「参加しても良い」の合計は、今回は一五・五％、前年は一五％、前前年は一八・五％である。つまり、裁判員制度が実施され、それに関する報道が流され、有意義な良い経験だったと言う多数の参加者の声を聞いても、参加意欲は低下し、参加に消極或いは否定的な人の数は全体の五分の四を超えている。この流れは、この統計の回答者が二〇〇〇人前後であったとしても、確かな傾向と解し得る。何となれば、この裁判員制度は、元々国民の求めたものではなく、また刑事裁判を改革・改善することを企図して制度化されたものでもないからである。また、この制度がなくても、国家的にも国民の立場からしても何の問題の生ずることもない、つまりこの制度は元々妥協の産物として突然に現出したものであって、立法事実なるものは全くなかったからである（ダニエル・フット『名もない顔もない司法』二七六頁）。

このような現実を前提に本判決理由の及ぼす効果を見れば、裁判員候補者のほぼ六人中五人が公然と、私は参政権と同様だという裁判員参加権は行使しません、辞退させていただきます、旅費日当という往復のお駄賃なんかは要りません、ということで、この制度は先細りになっていくことは確実と言える。参加したい或いは参加しても良い参加者のみによって裁判員裁判が仮に継続して運営されることにでもなれば、裁判員法一条の掲げる、国民が「刑事訴訟手続に関与することが司法に対する国民の理解の増進と信頼の向上に資する」という仮説は脆くも崩れてしまうことは明らかである。

最高裁の決定的過誤

本来は適法な上告理由には当たらない上告理由について、最高裁が何故判断を示したのか。ここからは多少の憶測が入るが、ほぼ間違いのないことと考える。

最高裁は、第一審で裁判員裁判を受けた被告人からの「裁判員の職務は意に反する苦役だから憲法違反だ」という上告理由がそれだけでは適法な上告理由に当たらないことは百も承知のことであったろう。この裁判員の国民に対する義務化の憲法問題は、欧米で行われている陪審制・参審制に類似した司法への国民参加制度を我が国にも導入しようという、参加ありきの流れに押されたのか、法制定時までは殆ど議論されることはなかった。人権擁護団体を自認する日弁連さえ、長く陪審制を推進しようとしてきたいきさつから、この国民に動員をかけることの違憲性にまでは思い至らなかったのではないか。そのような流れの中で誕生し、国会でも殆どフリーパスした制度の推進に一役も二役も買った最高裁（最高裁・法務省・日弁連共同の大々的新聞広告の反復やその後のホームページ等を見れば明らか）としては、この制度に憲法上の疑念は一つもないとの結論を一刻も早く宣明し、現に多数の裁判員裁判が行われている状況下において下級審に安心して審理に臨めるようにとの配慮があったであろうことはまず間違いあるまい。特に、この裁判員強制の問題は、前述のとおり司法審でも国会でも殆ど議論されず、日弁連も論じなかった問題であり、裁判員法上施行までの期間内に、制度について国民の理解と関心を深めることが義務付けられていた最高裁としては（裁判員法付則二条一項）（この付則二条一項自体違憲の疑いが濃厚であることは拙稿「最高裁の広告活動は問題」「週刊法律新聞」一七三四号二〇〇七年九月一四日、本書三四頁）、この国民への義務付けが憲法違反だというような意見を述べている余裕はなかったであろう。大々的な広告宣伝をして兎も角制度定着に突っ走ってきていた手前、一刻も早く制度は違憲ではないとの判断を示し、その広告宣伝と、本判決末尾で述べている制度推進の意気込みとを正当化する必要があったものと思われる。

しかし、そのような経過で示されたこの国民強制の問題について、最高裁は前述のとおり「義務」や「強制」という言葉の使用を避け、「参政権」「権限」という言葉を用いた。裁判員制度推進論者さえ注意深く避けてきたこの言葉を用い、さらに辞退の柔軟性という言葉を用いることによって、裁判員の「義務」を最高裁は「権限」と表現して事実上消滅させてしまったのである。何故そう言えるのか。

最高裁が、裁判員の職務が、苦役ではない、憲法一八条には違反しないとする主たる理由が、前述のとおり「参政権同様の権限論」と「辞退柔軟論」であることからすれば、その理由が正当化されなければ、おのずから裁判員の職務は国民にとっては憲法一八条に定める「苦役」であるということになろう。

前述のように、裁判員の職務が心のケアを要することの予測されるようなものであって、現にそのような事例もあり、また裁判員候補者の呼出状に「正当な理由がなくこの呼出しに応じないときは、一〇万円以下の過料に処せられることがあります」と記載し、義務であることを明示している職務であれば、誰が考えてもそれが参政権と同様の権限であるわけはない。本来は義務なのだが、権利だと思ってその職務に従事した方が良いなどという精神論（コリンP・A・ジョーンズ『アメリカ人弁護士が見た裁判員制度』平凡社新書、二二〇頁）を説くのとは次元の違うことである。辞退の柔軟性論は、前述のとおり辞退事由のない者に対する罰則付き就任強制の問題に対して何ら論理的説明にはなっていない。これらのことからすれば、この最高裁の判決理由は、裁判員の職務は本来は苦役である、しかし苦役であることを認めれば制度は成り立たないからどうしても苦役ではないことにしなければならない、そこで参政権と同様の「権限」と宣言して「義務」を消滅させてしまったものと解されるからである。

裁判員の職務は国民の義務であり、それは憲法上しかじかの理由により正当化されると、兎も角真っ向からこの義務化の問題に取り組み、最高裁として国民に対し説得力ある論陣を張り説明責任を果たすべきであったのに、誠に遺憾ながら最高裁はそれを避けた。避けざるを得なかったというのが正しい表現かも知れない。避けてひねり出した理由が参政権論であり、辞退の柔軟性論である。これは、裁判員の職務が義務ではないことを認めたことに他ならない。今後は不出頭者への過料の制裁発動の余地は消滅したと言って良い。なお、最高裁が討議民主主義の立場からの裁判員義務化合憲論を知らないわけがないのに、それには全く触れずに、かかる論法による合憲論を展開したことは、前述の討議民主主義の立場からの合憲論の理由がないことを暗黙のうちに示しているのではないかと解される。

つまり、最高裁は、問題の本質と真剣に取り組もうとしなかったために、意図する裁判員制度定着の方向とは逆の方向に制度を導くきっかけを作ったと言える。敢えて言えば、言わずもがなのこと言って墓穴を掘ったのである。

この判示によって、裁判員になりたい人、なっても良いと思う人によってのみ裁判員裁判は運営されることになる。かかる刑事裁判が、被告人に保障されている裁判所による裁判或いは適正手続の保障された刑事裁判であると言える訳はないであろう。

おわりに

どんな理由付けにしろ、合憲であると最高裁が判決すれば、国民は従わざるを得ない。しかし、このような不合理な権威主義丸出しの、なりふり構わぬ判決は、司法に対する国民の理解の増進と信頼の向上の実現には最大の障害になることは明らかである。裁判員を経験することによって発症した精神的疾病を原因とする裁判員経験者からの国家賠償訴訟提起の現実性を考えた際に、その訴を裁く裁判所がこの裁判員制度のなりふり構わぬ推進者であることを考えると、日本の司法に対する信頼感が遠くに飛び去って行くのを実感せざるを得ない。つまり、裁判所が政治的になり国策推進者となったときの恐ろしさを痛感するのである。この裁判員制度の問題は、最高裁はじめ全ての裁判官に対し、憲法七六条三項の原点に立ち返るか否かを問うているのだと思う。裁判員国民強制の根本問題について、立法府が、そして気骨ある下級審裁判官が、この最高裁の不合理な権威主義丸出しの判決を打破する行為、立法府は制度の廃止を決し、下級審は違憲の判断を示して貰いたいと強く念願している。

終章　「三・一一後の不安の中で」——自己紹介を兼ねて

私は一九五六年に仙台市の職員になりました。それから同じ五六という数字の年が過ぎた今年、お誘いを受けてその仙台市の職員や関係する方々の前でお話をする機会を得たことは大変嬉しくまた奇縁のように思います。

近頃、朝起きたときに莫とした不安感を持ちます。老人性の鬱かとも思いますが、目覚めて、晴れ晴れした話題のないことも陰鬱な気分にしているのではないかとも思います。今、私は正直展望のない閉塞感を抱いています。私は小学六年のとき仙台で空襲に遭い、現在の福島県双葉郡大熊町、合併前の当時大野村に疎開しそこで終戦を迎えました。あの福島第一原発のある町です。戦後は廃墟の中からのスタートだったのですが、当時そこには何とも言えない開放感がありました。しかし、成人し現実が見えてきたということもあったのかもしれませんが、経済が成長し豊かになるに従って、次第に陰鬱な気分になって来たように思います。

私はもともと口下手でこれまでは余り人の前で話すことをしませんでした。しかし、ここ数年のうちに何回か裁判員制度の話をするようになりました。私が裁判員制度の問題に取り組むようになったのは、法律が出来た翌年、二〇〇五年の仙台弁護士会会報に、たまたま年男の特権で、裁判員制度には問題がある、一般市民に対し裁判員になることを強制することは苦役を強いることではないかなどと掲載したことからです。それをきっかけにしてこの問題を少し深めて見たいと思い、いろいろ参考文献に当たったり司法制度改革審議会の議事録を読んだりしました。そうしていくうちに初めに抱いた問題意識より深く、裁判員制度に危険な国家主義的、権力主義的支配の構図を感じとりました。これまで何回か論文等も書きました。建前は民主的といいますが、本当に民主的なのか、司法と民主主義とはどのような関係にあるのかを考え、「裁判員制度に見る民主主義の危うさ」と題する論説などを「週刊法律新聞」紙上に発表させて頂きました。その論説では司法は民主主義とは直接は相容れないものであることなどを書きました。

また、そこからさらに民主主義そのものについて考えて見ました。最近、五木寛之氏の『下山の思想』（幻冬舎新書）という本を読み、そこで驚くべきことを知りました。或いはそのことはよく知られたことだったのかも知れませんが、私は初めて知りました。「民」という文字の語源は目を針で指す様を描いた象形文字であって、目に針を突いて見えなくした奴隷のこと、物の分からない多くの人々、支配下に置かれる人々のことを指す言葉だというのです。五木さんはそのためその字が好きではないと書いています。私はたとえ語源がそのようなものであっても、民主主義という言葉の中で使うのであれば、そのような人々が主権者として政治を行う、つまり服従から逆に支配するもの、尊重さるべきものになったと捉えることも可能であり、その言葉は生きてくるのではないかと思います。しかし、現状は本当に民主主義の政治と言えるでしょうか。

福田歓一という政治学者は、民主主義を名乗る国は色々あるけれども、民主主義の根本的長所は人間が政治生活を営むうえにおいて人間の尊厳と両立するという一点にあると言われました。ウィンストン・チャーチルは第二次世界大戦でイギリスを勝利に導いた名宰相ですが、戦後選挙で敗北したときに、民主政治は最悪の政治形態だ、しかし過去の政治形態のうちでは最高のものだと言ったといわれます。民主主義だから当然に良いというものではない。選挙で当選した、民主的に選ばれたという形を強調して権力の座に着いた者は、民主主義を隠れ蓑に使って暴走する危険がある。民主主義は容易にファシズムに変わる素地がある。善意がファシズムへの道を清めるという言葉もあります。個人名を挙げて、恐縮ですが、先日私と同業の橋下徹という人が大阪府知事から大阪市長選挙に立候補し、大阪市民の大方の支持を受けて当選しました。彼はテレビに出て有名になった人のようです。確かに弁舌もさわやかで、頭脳明断でしょう。個性的で既成のものに囚われない斬新なアイディアの持ち主のようにも思います。しかし、彼は、君が代斉唱時に起立しない教員を処分することを内容とする府の条例を作ろうとした者です。先日、最高裁は、君が代斉唱時に起立しない教員に対し、画一的基準で懲戒処分をすることについて一定の制限をすべきである旨の判決をしました。職務命令そのものを憲法違反とする少数意見もありました。最高裁が何を言おうと人の考え方は多様であるのが当たり前ですから、橋下氏のその条例案の提出は一向にかまいませんが、弁護士として、人の思想信条という内心の自由に関することにそこまで鈍感であるということは私には信じられません。しかし、既成の政党政治に対する不満の表れでしょうか、そのような人が大阪市民の圧倒的支持を受けて当選した、既成政党がそれにすり寄る、それがこの国の民主主義の現実なのです。私は心配し過ぎなのかも知れませんが、そのような我が国の民主主義の現実にナチス台頭の時のような危険を感じます。

先日、私は原発問題について「河北新報」に投稿しました。それは没になりましたが、その内容は要するに原発再稼動は誰のためなのか、それは原発の停止によって損をする人、再稼動によってその利益につらなる人間の利益のためではないのかというものです。我が国の原発五四基のうち稼働しているのは二割、二〇一二年三月までにはほぼ全原発が停止すると言われています。少なくても今止まっている八割の原発がなくても我が国の電力は間に合っている、その原発は必要がないということです。この地上には原発ほど危険な装置はありません。廃棄物処理の方策もない、廃炉の方法も確立していない。それでも何故そんな危険なものを再稼働させようとするのか。一月二三日の「毎日新聞」朝刊トップに、今年の夏の電力は決して不足しない、余力があるということを政府は昨年試算していたのにそれを明らかにしなかったとの記事が掲載されました。再稼動の必要性に関する重大な事実なのに、それが公表されなかったのです。端的に言えば、政府・電力会社は、原発再稼動の必要性がないのに自分らの利益のために再稼動させようとしているということ以外には考えられません。

今回の震災、福島第一原発の事故から我々は何を知ったでしょうか。それは政府も電力会社もマスコミも真実を報道しないで国民を騙してきたということです。この話の一つのキーワードは、この「騙し」ということです。勿論、政治や企業その他社会関係のいろいろな場面で隠されているものが日常的にあることは分かっているつもりです。しかしここまで、権力や企業、マスコミなどの裏に隠された世界があったとは驚きでした。不明を恥じる以外にはありませんが、私が「原子力村」という言葉を知ったのはこの事故のあとです。裁判員制度についても、その広報について、やらせ、さくら、パブ記事など国民の目を欺くことが行われたことが伝えられました。我々は、これからはやはり眼光紙背に徹する眼力を持ち、この騙しの行為を暴きそして監視して行かなければなりません。その監視力こそが民主主義成熟度のバロメーターだと思います。そして批判し、行動すること、そのことをこの震災・事故から学ばなければならないと思います。

私の父は原発のある福島県双葉郡大熊町、合併前の旧熊町村で生まれました。父は既に亡くなりましたが、事故時まで、間もなく八三歳になる長兄ら一家は原発三㎞のところに住み、今は疎開して、いわき市の仮設住宅に住んでいます。先に述べた私の疎開先がその大熊町であったのは、親類縁者が多数そこに住んでいたからです。終戦後、両親と長兄らはそこに住みつき、両親、祖父母の墓もそこにあります。その双葉郡内に、先日、放射能汚染土等の中間貯蔵施設を設置する意向を細野原発事故担当相と野田総理が佐藤福島県知事らに伝えたといいます。私はそれを知って非常に腹が立ちました。放射能さえなければ、そこは見事な山紫水明の地です。その意向伝達は、自分らが汚した土地を、どうせ使えなくなったのだからもっと汚させてくれというのと同じことではないでしょうか。余りに人の道から外れたことではないか、作るならば東京電力の電気を使っている地区内に適地を探すべきではないかと私は記しました。先日、アフガニスタンでタリバン兵らしい人の死体にアメリカ兵四人が放尿したことが伝えられました。死体は物です。そのまま土に埋められるか、焼かれるかでしょう。放尿して何が悪い、理屈はそうかも知れませんが、人間には人の道、倫理ということがあるでしょう。人はそのような人の道から外れた行為を許すことはできません。この中間貯蔵施設の問題も、同じ倫理の問題です。私はそのことを「河北新報」に投稿し、それは掲載して頂きました。今回の原発事故は、これまで経済性、合理性を優先させて来た付けではないのかとも訴えました。

私はこのことについて沖縄を想起します。厳密には異なる面があるかもしれませんが、太平洋戦争で悲惨な地上戦が繰り広げられた沖縄は、今なお、日本の全国土の〇・六％の面積しかないのに、そこに在日米軍基地の七四％を抱えさせられ、世界一危険な基地といわれる普天間基地を県外に移転させることさえ出来ずにいる。沖縄はわが国民の犠牲になっていると哲学者の高橋哲哉さんは述べていますが、今の福島はこの沖縄の犠牲の構図と良く似ていると思います。私は、沖縄の問題を含め我が国の政治から倫理が置き去りにされている、そのことを非常に危惧します。

先日、NHKで放送された「暗黒のかなたの光明」という番組の中の国立民族学博物館教授の小長谷有紀さんの言葉に大いに惹かれました。要するに、文明の中味である制度と装置を変えるというのは、政府、知事、社長らにはできない。一般大衆、アマチュアが「英知」を結集しなければならないということ、文明にはそういう業があるということです。私の話のもう一つのキーワードはこの「文明」です。原発という装置、裁判員制度という制度もその同じ業を背負った文明なのです。私たちはその思いでその文明と向き合わければならないのだと思いました。

先日さいたま地裁に起訴された殺人事件の関係で裁判員候補者として調査票が送られたのは三三〇人、最終候補者として残ったのは三四人ということでした。この裁判員裁判の現状は誰が見ても裁判員制度崩壊の何ものでもありませんが、それでも裁判所も日弁連も順調な運用だと強弁しています。正に文明の業そのものの現れです。

あの三月一一日の夜、私は空を見上げて驚きました。正に満天の星空、久しく見たことがありませんでした。そのときはただ何と綺麗だなと思っただけでしたが、今考えて見れば何と象徴的・暗示的なことかと思います。電気の灯りが全て消えて真っ暗になったとき、これまで見えなかった満天に実に美しい星空が見えた。電灯が灯っているときには金星とか明るい星しか見えないのに、文明の象徴ともいうべきその電気が全て消えたときに、天に素晴らしい光景が広がったということです。
私は金子みすゞの詩が好きです。震災後、金子みすゞの詩「こだまでしょうか」が食傷気味になるほど繰り返し民放のＣＭタイムに流れましたが、私は「星とたんぽぽ」という詩が好きです。

青いお空の底深く
海の小石のそのように
夜が来るまで沈んでる
昼のお星は目に見えぬ
見えぬけれどもあるんだよ
見えぬものでもあるんだよ

残念ながら、今は昼ばかりではなく夜になっても見える星は金星のような明るい星だけ、美しい星座は見えません。我々の文明は何なのかと深く考えさせられます。文明というのは人間がその幸せのために築いてきた制度であり装置であるのに、それにがたが来ても中々それを廃止出来ないだけではなく、その文明が人間を不幸にする状況、人間を破滅させかねない状況に追い込んでいる。それでも人間はかかる文明を廃棄しようとはしない。

我が国は太平洋戦争で二度の原爆投下を受けそれによる被害を含めて数百万の人々が亡くなりました。また侵略によって周辺諸国の多くの人々を殺害しました。制定の経過については諸説ありますが、その戦争の悲惨な現実を経て憲法第九条という世界に類例のない戦争の放棄・軍備不保持の規定を国家の基本法に持つという、世界史に残る大変革に踏み切りました。外圧があったかどうかは分かりませんが素晴らしい決断だったと思います。ところが、今その条項は危険にさらされています。そして、今回この原発事故という第二の敗戦を迎え、本来ならいわば原発の憲法第九条を制定すべき状況にありながら、なお原発にしがみつこうとしている人間がいる。私たちは、果たして、福田歓一氏が言われる、人間の尊厳と政治生活とを両立させているると言えるでしょうか。民主主義の本質を保っていると言えるでしょうか。

私たちは真に恐るべきもの、守るべきものを知らなければなりません。問題を隠蔽し国民を騙している民主主義を語る権力者達の横暴、それを容認しようとする我々の無知・無関心、それがこわい。そして守るべきもの、それは単なる数では表わし得ない人間、今回の震災による死者、行方不明者の数は約二万人に達しました。そのことは当然ながら痛恨の極みですが、そのことともに、その一人一人の人間、またその人とともに生きて来た多くの人々の思いと出来る限り思いを共通にすることではないかと思うのです。

私の所で以前事務員として働いてくれた女性は、三月一一日、宮城県岩沼市に住んでいた兄一家四人を津波で失い、実家のある宮城県石巻市では同じく津波で姪の家族、小学生二人を含む四人を失いました。そしてその彼女自身もその八人の後を追うようにして九月に病気で急逝してしまいました。以前彼女はその姪やその子らへの思いを綴った手紙を私宛に送ってくれていましたが、その手紙を読み返してみて、ここにもかけがえのない大きな人生があったことを思い、私は胸が締め付けられる思いをしました。私はその彼女の思いに近づくことは出来ても残念ながら同じ思いには至らないとは思います。作家の辺見庸氏は、近著で、「人間存在の根源的無責任」ということについて述べています。我々は残念ながら他者に対し根源的に無責任です。しかし、前述の小長谷さんも述べているのですが、そうであってはならないように努めるべきなのだと、口幅ったいことではありますが思います。

（二〇一二年一月二七日　仙台市職労自治研究集会での講演）

おわりに

今年の七月一二日、その日一六歳になったばかりのパキスタンの少女が、国際連合本部大会議場において、女性の教育差別撤廃を訴える演説をした。その演説は、とても一六歳になったばかりの少女のものとは思えない迫力があった。その少女の名はマララ・ユスフザイ。昨年一〇月九日パキスタン国内においてイスラム過激派の銃撃を受け、一時は意識不明の重体に陥ったが、全世界の祈りが神に届き、イギリス等の医療関係者による治療が功を奏し、奇跡的に回復した。彼女は以前から一貫して女性に対する教育差別撤廃を叫び続け、イスラム過激派から殺害予告を受けていたという。彼女はその演説で、過激派の子女も等しく教育を受ける権利があると述べた。生命の危険に晒されながらも、断固として主張すべきは主張する、しかも、自らを殺害しようとした者の子女への温かい思いやりさえ示す。この一六歳の少女の勇気と慈愛に満ちた言葉に感動した人々は多かったと思う。国連は七月一二日をマララ・デーとすることを決めたという。

我が国では、言論、出版、その他一切の表現の自由が保障されている。しかし、国民に有形無形の圧力から発言を躊躇する場面はないであろうか。表現の到達度に差別がないであろうか。正論を躊躇すべきではないマスコミが発言を自制してはいないであろうか。

真の民主国家は、一切の暴力を否定し、それに対峙する勇気の象徴である言葉というものの偉大さを知っている。国民には、その言葉の持つ力を信じ、責任を持って表現し続けることが求められる。特に我が国は、国是として、剣を捨て、言葉の力を信じて国家を運営することを定めている。残念ながらその国是は今や危機遺産登録寸前ではあるが。

いかなる国家においても、現実には、強い流れに乗った言葉と、その流れに逆らう言葉がある。流れに逆らう言葉を発しようとするときには、勇気という別の要素が必要になる。単に暴力に対してだけではなく、流れに逆らう勇気ある発言が常に存在し、その言葉が広く伝わるとき、その国は真の民主国家になる。真の言論の自由とは自分の憎む言論の自由であることを人々が身につけるときに。

思春期のころ、「大曽根家の朝」という映画を見て、言論が抑圧される社会の恐ろしさを知った。マララさんの発言ほど腰が据わってはいないけれども、二度と、敗戦までのような、言葉のない或いは言葉の乏しい社会であってはほしくないという気持ちから、これまで愚か者は承知のうえで愚かな発言を繰り返して来た。本書は、かかる人間の発言集である。

そのような発言集でも、このたび、一冊の本として出版する機会が与えられたのは、はしがきにも記した河野真樹氏のお力添えと、花伝社社長平田勝氏の温かいご配慮、頻回に論文を引用させて頂いた西野喜一教授、大久保太郎元裁判官、その他多くの方々のお支えがあったからである。

この場を借りて、それらの方々に厚く御礼を申し上げる。

二〇一三年七月一八日

初出一覧

第一章　裁判員制度——問題の原点

1　「国民の司法参加」問題の原点に立ち返って——裁判員制度批判
司法ウオッチ　二〇一一年一一月

2　裁判員制度批判決議に関連して——裁判員参加義務の非民主性
週刊法律新聞　二〇〇六年一〇月六日（一六九三号）

3　裁判員制度にかかる最高裁判所の広報活動について
週刊法律新聞　二〇〇七年九月一四日（一七三四号）

4　裁判員制度に見る民主主義の危うさ
週刊法律新聞　二〇〇八年五月三〇日（一七六五号）

5　裁判員裁判開始後の発言等の意味するもの
週刊法律新聞　二〇一〇年四月（一八四八号）～二〇一〇年六月（一八五五号）

6　裁判員制度見直しと日弁連の立場
司法ウオッチ　二〇一一年一一月

第二章　裁判員制度を裁く——国民に対する強制性

1　裁判員制度の危険性――その底に流れるもの
　週刊法律新聞　二〇〇九年五月（一八〇九号）～二〇〇九年九月（一八二四号）
2「裁判員制度を裁く」――裁判員強制の問題を中心に
　司法ウオッチ　二〇一一年五月

第三章　裁判員制度と最高裁
1　最高裁の裁判員制度合憲判決を批判する
　司法ウオッチ　二〇一二年六月
2　裁判員裁判控訴審の事実審査について
　司法ウオッチ　二〇一二年一〇月
3　被告人の裁判員裁判選択権否定の憲法問題について
　司法ウオッチ　二〇一三年一月
4　裁判員辞退の自由を認めた最高裁
　司法ウオッチ　二〇一三年七月

終章　「三・一一後の不安の中で」――自己紹介を兼ねて
　司法ウオッチ　二〇一二年四月

織田信夫（おだ　のぶお）
1933 年　仙台市にて出生
1956 年　東北大学法学部卒
1963 年　判事補
1970 年　弁護士登録（仙台弁護士会）
1988 年　仙台弁護士会会長
1989 年　日本弁護士連合会副会長
1999 年　東北弁護士会連合会会長

裁判員制度廃止論——国民への強制性を問う

2013年 8 月25日　　初版第 1 刷発行

著者 —— 織田信夫
発行者 — 平田　勝
発行 —— 花伝社
発売 —— 共栄書房
〒101-0065　東京都千代田区西神田2-5-11 出版輸送ビル
電話　03-3263-3813
FAX　03-3239-8272
E-mail　kadensha@muf.biglobe.ne.jp
URL　http://kadensha.net
振替　00140-6-59661
装幀 —— 黒瀬章夫（ナカグログラフ）
印刷・製本 − 中央精版印刷株式会社

ISBN978-4-7634-0675-0 C0032